U0330846

记忆北京

陈平原　著

生活·讀書·新知 三联书店

图书在版编目（CIP）数据

记忆北京／陈平原著. —北京：生活·读书·新知三联书店，
2020.3
ISBN 978–7–108–06600–8

Ⅰ．①记…　Ⅱ．①陈…　Ⅲ．①地方文化–北京–文集
Ⅳ．① G127.1-53

中国版本图书馆 CIP 数据核字（2019）第 091382 号

责任编辑　卫　纯
装帧设计　蔡立国
责任校对　安进平
责任印制　宋　家
出版发行　**生活·讀書·新知** 三联书店
　　　　　（北京市东城区美术馆东街 22 号 100010）
网　　址　www.sdxjpc.com
经　　销　新华书店
印　　刷　北京市松源印刷有限公司
版　　次　2020 年 3 月北京第 1 版
　　　　　2020 年 3 月北京第 1 次印刷
开　　本　880 毫米 × 1230 毫米　1/32　印张 8.375
字　　数　159 千字
印　　数　0,001–5,000 册
定　　价　49.00 元
（印装查询：01064002715；邮购查询：01084010542）

目　录

下编

小　引

　　生活在一个经济高度发展且迅速城市化的时代，眼看着身边的风景日新月异，数百年的历史遗存一扫而空，常有不知今夕何夕的感叹。五年前，因卸任北京市政协委员／常委，我为文史委题写"感悟或寄语"："十五年间，多次参加文史委组织的活动，锲而不舍地就保护历史文化名城做调研、提建议、发文章、上条陈，屡败屡战，但多少缓解了北京市疯狂拆迁的速度。虽不是主力，只是帮助敲敲边鼓，也与有荣焉。我坚信，善用媒体力量，兼及百姓与专家的立场，在保护古城风貌这件事上，北京市政协文史委还是可以有所作为的。"这里的"屡败屡战"，不是用典，而是写实，悲愤之中，也不无几分自得——毕竟我们努力过，尽管效果甚微。

　　了解现实生活中的我，如何不断呼吁对于古城来说"保护"才是"硬道理"，你就明白我的"都市研究"不够专业，也不纯粹——这既体现在文体上兼及长篇宏论与随笔杂感，也落实为眼光不断地在过去与未来之间依违与徘徊。也曾考虑过专注某一点，撰成高头讲章，注释密密麻麻，面对学界说话；最后还是自己否定了——当初进入这个领域，本就是带着强烈的问题意识，因而更欣赏打开天窗说亮话，旗帜鲜明地表达自家立场。或许，不断地在学院与民间、拥抱与拒斥、历史研究与现实感怀之间挣扎，正是这个时代谈论"城市"的最大特色。此前风波未起，此后尘埃落定，都不会有我们这代人如此强烈的"自我撕裂"的感受。

在《"城市"怎样"阅读"——一个人文学者的追求与困惑》（2013 年）中，我谈及："只要用功，我们谈古代城市，可以做到游刃有余；而一旦涉及当下的中国城市，则很可能捉襟见肘。有幸（或者说不幸）经历中国城市化进程中最'高歌猛进'因而也最容易'百弊丛生'的时代，像我这样既非身负重任，也非学有专长的人文学者，做不到'凭栏一片风云气，来做神州袖手人'（陈三立诗），那就只能写点针砭时弊的杂文随笔，为大时代留点印记。说到这里，我终于想清楚了，自己之所以做城市研究而不够专注，著述体例芜杂只是表象，关键是内心深处一直徘徊在书斋生活与社会关怀之间。之所以采用两套笔墨，背后是两种不同的学术思路：在与学界对话的专著之外，选择了杂感，也就选择了公民的立场，或者说知识分子的责任。"当初长枪短棒一起上，以为还能"闯出一番新天地"；最终结果，不说落荒而逃，起码也是志大才疏，仅仅收获一两册小书。即便加上《左图右史与西学东渐》（香港：生活·读书·新知三联书店，

2008 年；增订版，北京：生活·读书·新知三联书店，2018
年）中的《城阙、街景与风情——晚清画报中的帝京想象》、
《"新文化"的崛起与流播》（北京：北京大学出版社，2015
年）中的《作为"北京文学地图"的张恨水》、《讲台上的
"学问"》（上海：华东师范大学出版社，2016 年）中的《都
市文化研究的可能性》，也都无济于事。

　　虽关注过中外不少城市，但我比较有心得的，仍属帝
都北京。从 1994 年那则无心插柳的短文《"北京学"》，到
2001 年秋在北大开设"北京文化研究"专题课，以及根据这
门课的"开场白"整理成《"五方杂处"说北京》，一直到此
后若干雷声大雨点小的文章及书籍（如随笔集《人在北京》，
台北：联合文学出版社，2003 年；《北京记忆与记忆北京》，
北京：生活·读书·新知三联书店，2008 年），我毕竟在这
个领域投入了较多精力，也小有影响。

　　这回的小书，乃《北京记忆与记忆北京》的更新换代：
原书辑一（关于"城"）没有动，成了上编；关于"人"及
关于"书"的辑二、辑三则删繁就简，只保留与北京这一话
题相关者。至于中编各文，乃近年所撰，题目宏大，但进展
有限。相对而言，三联书店同时推出的《想象都市》一书，
其中几篇专论更值得推荐。

　　因写作时间太长，各文之间有互相引证乃至重床叠屋的
情况，这点敬请读者谅解。好在江山代有才人出，如今年轻
一辈学者从事城市历史以及都市文化研究，比我执着，且专

业化程度更高。在这个意义上，爝火余烬，实不敢与日月争明也。

2018 年 8 月 30 日初稿
12 月 29 日改定于京西圆明园花园

上编

"北京学"

　　我本南人，有幸北上，居然爱上了北京的风土人情，当然也就连带喜欢翻阅相关的文献。

　　记得80年代初，北京古籍出版社曾整理重印了一批明清文人所撰关于北京史地风物的书籍，单是我搜集或翻阅过的就有近二十种。那时还不时兴打丛书名字并开列书目，故至今没弄清总共出了多少，也就谈不上能否配齐。曾听主持其事的长者抱怨，这套书印数不多，销路欠佳，那时觉得不可思议。近日逛琉璃厂书店，竟还能见到好几种，更是出乎我的意料。前些年"京味小说""京味话剧"走红，近年又有"胡同热""京戏热"，再加上重修圆明园、恢复天桥、建造老北京微缩景观等宏伟计划，"北京"已被炒得够烫手的了，为何这一批很不错关于北京的古书竟没被一抢而空？要是像50年代的老舍他们那样"热爱新北京"倒也罢了，可如今打的分明是"老北京"的招牌。谈旧京而不涉及这批珍贵的史料，无论如何说不过去。

慢慢地，看出了点门道。开悟之日，自嘲未免过于"书生气"。这些年的"北京热"，主要限于文学家和旅游业，学界本就热情不高。倘若不做考证溯源，《日下旧闻考》《京师坊巷志稿》等著作确实没什么用。"景物略""岁时记"还可作文章读；至于"录""考"之类，本以史料见长，绝对无法吸引一般读者。故此类书之行销与否，取决于学界。治学门径千差万别，以"北京"为研究对象者不一定非从元明清说起。不过作为个人爱好，我相信治"北京学"者，大都会对北京的史地风物感兴趣。因而，从此类书之滞销，我猜想立志以"北京"为研究对象的学者不多。

不敢说"世界潮流"，单讲近年国内学术动向，地域文化以及都市文化的研究正日益勃兴。已经从"提倡""泛论"深入到各种各样的"专题研究"，以我有限的接触，起码"上海文化"与"岭南文化"的研究就已初具规模。这不只是指建立基金会、出版杂志和丛书，主要是因其有了明确的学术指向——包括宗旨、范围与方法。相对来说，谈论"北京文化"的仍以作家为主，这就难怪抒情多而实证少——这种"谈论"方式自有其价值，艺术感染力强，审美效果好；可难以深入，且无法积累。不能总是"岁时""风土"，也不能只限于"杂咏""纪游"，现代学术发展已经为都市文化研究提供了许多成功范例。不说远的，像顾颉刚谈妙香山、梁思成谈古建筑、齐如山谈京剧脸谱、侯仁之谈北京史地、王世襄谈鸽哨和蛐蛐，就都让人大长见识。就理论框架和研究方法而言，顾等人都说不上"先进"，可起码比顾炎武的《京东考古录》、孙奇逢的《畿辅人物考》"新"。今天的"北京学"，想必日新月异，只是限于见闻，未能举出更加权威的例证。

不管是作为千年古都，还是作为现代化国际都市，"北京"都是个绝好的研究题目。"北京学"目前之所以不大景气，有地方政府、学术团体组织不力的原因，但恐怕更重要的是学者的观念。上海人谈"上海文化"、广东人谈"岭南文化"，北京人则更愿意谈"中国文化"——这种以中国文化代表自居的心态，使得北京学者目光远大，不大屑于"降级"从事区域文化研究。当然，这也与目前中国学界的风气有关，美国学者或日本学者大概都不会将"北京研究"视为无足轻重的"小题目"。

或许还有一种辩解：北京作为首都，历来五方杂处，地方色彩不强，更何况学者来自五湖四海。撇开专业训练或"旁观者清"之类的大道理，单说治学必不可少的"兴趣"，我就很欣赏周作人的态度："我的故乡不止一个，凡我住过的地方都是故乡。"（《故乡的野菜》）现代社会人口流动大，哪个大城市里三代以上的本地人都不多，没有理由强调闽人治闽学、湘人治湘学。

接下来的问题很可能是：那么你呢？你的"北京学"成果何在？说来惭愧，限于时间和学力，我大概只能当个好读者。诸君如果见到此类好书，请别忘了打个招呼，我会买的。

1994 年 8 月 14 日于京西蔚秀园
（初刊 1994 年 9 月 16 日《北京日报》）

"五方杂处"说北京

一、为什么是北京

在我心目中，毫无疑问，"北京研究"将成为中国学界的热门话题。会有这样的"大书"出现，但非我所能为。故此处只能"小引"，不敢"导论"，更谈不上"正文"。这样一来，我的任务很简单，那就是引起诸位的兴趣，然后全身而退，等待着观看后来者的精彩表演。意识到的历史责任与实际能力之间存在太大的差距，这种痛苦，非几句自嘲所能掩盖。就好像古语说的，挟泰山以超北海，不能，非不为也。十年后，你再读我这篇"小引"，很可能会讥笑其"太不专业"。

正因为不是专业著述，不妨从琐碎处讲起。20 世纪 80年代的北京，市民生活还比较艰难，市场上没有活鱼，洗澡也很麻烦。不断有人劝我回广州工作，那里的生活明显舒适多了。别看北京城市规模很大，现在整天谈论如何成为国际性大都市，但很长时间里，在上海人、广州人看来，此地乃"都市里的村庄"。你问我，为什么舍不得离开北京？报刊、电视上，常有名人谈论选择杭州、深圳、广州或上海居住的十大理由，北京呢？我还没见到过标准答案。说天安门，有些硬，太政治化了，像是60年代中学生的口吻；说琉璃厂，又有点酸，太书生气了，搁在30年代悠闲的大学教授口里还差不多。

几年前，曾建议朋友以"天安门"为题，将都市建筑、历史陈述、政治符码、文学想象等掺和在一块，做一综合论述。后来读耶鲁大学史景迁（Jonathan D. Spence）教授的《天安门：知识分子与中国革命》（北京：中央编译出版社，1998年），感觉上不是很过瘾。只讨论康有为、鲁迅、瞿秋白、徐志摩、沈从文、老舍、丁玲等人的作品，借以剖析其心路历程，没将"天安门"作为主角来认真经营，实在有点可惜。天安门既是阅尽人间沧桑的独特视角，也是中国近现代政治和历史的象征，本身便应该是历史与审美的对象。

至于孙殿起辑《琉璃厂小志》（北京：北京古籍出版社，1982年），博采诗文笔记，借以呈现"北京数百年来旧书业的全貌"，是很有用的资料集。可所选资料不及于新文化人，且以书业兴衰为关注点，未免忽略了诸如鲁迅的寻碑、钱玄同的购书、郑振铎的访笺等对于现代中国文化建设的意义。讨论作为"文学场"（Literary Field）的北京，琉璃厂同样是不可或缺的重要角色。

　　说开去了，我还是没讲清楚为什么喜欢北京。专业研究那是以后的事情，不会是因为课题需要而选择居住地，只能是相反。那就说是因为圆明园、颐和园、故宫、长城吧，可这些都是旅游胜地，几年走一遭就足够了，何必整日厮守？实在要给出一个答案，我就说：喜欢北京冬天的清晨。

　　人常说第一印象很重要，决定你对此人此物此情此景的基本判断。我没那么坚定的立场，不过，时至今日，还是清楚地记得二十年前初春的那个清晨，大约是6点，天还没亮，街灯昏黄，披着借来的军大衣，步出火车站，见识我想念已久的北京。你问我第一印象是什么，那就是空气里有一股焦烟味，很特别。大约是凛冽的北风，干冷的空气，家家户户煤炉的呼吸，热腾腾的豆浆、油条，再加上不时掠过的汽车尾气，搅拌而成的。此后，也有过多次凌晨赶路的经验，如果是冬天，深感北京破晓时分所蕴含的力量、神秘与尊严。这种混合着肃穆、端庄、大度与混乱的"北京气象"，令人过目不忘。

　　半个多世纪前，已经在北京住了二十个年头的周作人，也曾碰到过类似的追问，在《北平的好坏》里，周是这样作答的："我说喜欢北平，究竟北平的好处在那里呢？这条策问我一时答不上来，北平实在没有什么了不得的好处。我们可以说的，大约第一是气候好吧。据人家说，北平的天色特别蓝，太阳特别猛，月亮特别亮。习惯了不觉得，有朋友到江浙去一走，或是往德法留学，便很感着这个不同了。"这话很让我怀念，也很让我向往，因为，今天生活在北京的人，如果到过德国、法国，或者到江浙一带转一圈，很少再有胆量夸耀北京的天色特别蓝。今日的北京，有很多值得夸耀的地方，唯独空气质量不敢恭维，起码沙尘暴的袭击便让人胆战心惊。

为什么是北京，对于很多人来说，其实不成问题。住了这么多年，有感情了，就好像生于斯长于斯，没什么道理好讲。当初只是凭直感，觉得这城市值得留恋。久而久之，由喜欢而留意，由留意而品味，由茶余酒后的鉴赏而正儿八经地研究。

在北京居住十年后，我一时心血来潮，写了则短文《"北京学"》，题目挺吓人的，不过是打了引号的。大意是说，近年北京古籍出版社刊印的明清文人关于北京史地风物的书不好销，而京味小说、旧京照片、胡同游、北京缩微景观等却很受欢迎。可见"北京热"主要局限于旅游业和文学圈，学界对此不太关心。为什么？很可能是因为北京学者大都眼界开阔，更愿意站在天安门，放眼全世界。上海学者关注上海的历史与文化，广州学者也对岭南文化情有独钟，而北京学者更希望谈论的是中国与世界，因此，有意无意间，遗漏了脚下同样精彩纷呈的北京城。

常听北京人说，这北京，可不是一般的大城市，是中华人民共和国的首都。这种深入骨髓的首都（以前叫"帝京"）意识，凸显了北京人政治上的唯我独尊，可也削弱了这座城市经济上和文化上的竞争力。首都的政治定性，压倒了北京城市功能及风貌的展示，世人喜欢从国家命运的大处着眼，而忘记了北京同时还应该是一座极具魅力的现代大都市，实在有点可惜。对于自己长期生活的城市没有强烈的认同感，这可不是好事情。上海学者研究上海，那是天经地义；北京学者研究北京，则似乎是地方课题，缺乏普遍意义，低一档次。其实，作为曾经是或即将成为的国际性大都市，北京值得学者，尤其是中国学者认真对待。不管是历史考古、文学想象还是现实规划，北京都不是可有可无的小题目。

文章发表后，不断有人催问，希望拜读我的"北京学"研究成果。说来惭愧，虽然一直在收集资料，不过有一搭没一搭，并未真正用心。像这样的大题目，三心二意是做不好的。原来的计划是，退休以后，假如还住在北京，那时我才全力以赴。之所以改变主意，现在就谈北京，一是由于学生的再三催促；二是明白自己其实只能打打边鼓，当当啦啦队；三是北京变化太快，曾经让许多文化人梦魂萦绕的"老北京"，很快就会从地平线上消失。与其日后整天泡图书馆、博物馆阅读相关图像与文字，不如邀请年轻的朋友提前进入现场，获得若干鲜活的感觉，即便日后不专门从事北京研究，起码也保留一份温馨的记忆。

二、作为旅游手册的北京

在当今中国，北京作为政治中心、文化中心的地位，一时还没有受到严峻的挑战。其实，北京的优势还在于其旅游资源极为丰厚——这可不只是面子问题，更直接牵涉文化形象与经济实力。谈论北京，不妨就从这最为世俗而又最具魅力的侧面说起。

对于一个观光城市来说，旅游手册的编撰至关重要，因那是城市的名片，决定了潜在游客的第一印象。对于初到北京的人来说，街头以及书店里随处摆放着的中外文旅游手册，制约着其阅读北京的方式。所谓"酒香不怕巷子深"，这种不合时宜的思路，在商品经济时代，几无立足之地。广而告之，深恐"养在深闺无人识"，这种推销方式，不要说旅游局，就连各级政府官员，也都驾轻就熟。现在全都明白过来了，发展号称"绿色经济"的旅游业，需要大造声势。同样是做广告，也有高低雅俗之分。所谓"雅"，不是文绉绉，而是切合对象的身份。诸位上街看看，关于北京的众多旅游读物，有与这座历史文化底蕴十分深厚的国际性大都市相匹配的吗？不要小看这些实用性读物，此乃一城市文化品位的标志。

这些年，利用开会或讲学的机会，拜访过不少国外的著名城市。只要稍有闲暇，我都会像在图书馆读书一样，认真阅读一座座充满生机与活力的城市。转化成时尚术语，便是将城市作为"文本"来解读。用脚、用眼、用鼻子和舌头，感觉一座城市，了解其历史与文化、风土与人情，是一件没有任何功利目的、纯属个人享受的业余爱好。我相信，很多人有这种雅趣。不只是到处走走、看看，也希望通过阅读相关资料，提高旅游的"知识含量"。这时候，旅游手册的好坏，变得至关重要。

十年前，客居东京时，我对其历史文化产生浓厚兴趣，不时按图索骥，靠的是东京都历史教育研究会集合众多学者共同撰写的《东京都历史散步》（三册，东京：山川出版社，1992 年）。去年 7 月、8 月间，有幸在伦敦大学访学，闲暇时，常踏勘这座旅游业对国民生产总值贡献率极高的国际性大都市。书店里到处都是关于伦敦的书籍，少说也有近百种，真的是琳琅满目。随着对这座城市的了解日渐深入，顾客很可能从一般介绍过渡到专业著述；而这，尽可左挑右拣，"总有一款适合您"。在我所选购的几种读物中，最欣赏的当数迈克尔·李普曼（Michael Leapman）主编的《目击者旅行向导》（*Eyewitness Travel Guides*）丛书本《伦敦》（*London*，London：Dorling Kindersley Limited，2000），因其含有大量历史、宗教、建筑、艺术等专门知识。尽管英文半通不通，依旧读得津津有味，因此书编印得实在精彩。而且，日后好些活动，都是因为这一阅读而引起。

不经意间，在手头这册精彩的《伦敦》封底，发现一行小字：Printed in China（中国印刷），不禁大发感慨，为什么在北京就没有见到过这样既实用又有学问，还装帧精美的旅游书？当然，主要不在印刷质量，而在编纂水平。坦白地说，即便不说文化传播，单从商业运营的角度，北京的"自

我推销"，也说不上出色。国外大都市的旅游手册，你翻翻
作者介绍，撰稿者不乏专家学者，且多有相关著述垫底。虽
是大众读物，却很有专业水准。但在中国，旅游局不会请大
学教授编写旅游手册，而如果我写出一本供旅游者阅读的关
于北京的书，在大学里很可能传为笑柄。说句玩笑话，如果
我当北京市旅游局长，第一件事，便是组织专家，编写出几
种适应不同层次读者需求的图文并茂的旅游手册。我相信，
这对于提高北京的文化形象以及游客的观赏水平，会大有帮
助的。

　　单有大部头的《北京通史》，或以文字为主的《北京名
胜古迹辞典》《北京文化综览》《古今北京》等，还远远不
够。因为以上著作，根本无法携带上路。而若干"生活手
册"，又未免过于直白，缺乏历史文化韵味。既要实用，又
要有文化，将游览与求知结合起来，不是轻而易举的小事。
1997年，北京燕山出版社重印马芷庠编著、张恨水审定的
《北平旅行指南》（1935年），让你感到惊讶的是，这册半个
多世纪前的旧书，还比今天的许多同类读物精彩。没有好东
西，再吆喝也没用；而像北京这样历史文化底蕴极为丰厚的
城市，没能让初见者"惊艳"，实在不应该。之所以再三强
调包括四合院在内的"历史文化"，而不是摩天大楼等现代
建筑，就因为作为至今仍焕发青春的八百年古都，北京独一
无二的魅力在此。

　　日本学者木之内诚曾编著《上海历史导游地图》（东

京：大修馆书店，1999 年），借助“地图编”与“解说编”，再加上野泽俊敬执笔的“上海近代史年表”，将上海一百五十年历史呈现给读者。即便对于像我这样苛刻的专业研究者，此书仍很有用。需要查找晚清以降发生在上海的某重要事件或学校、报馆、医院的所在地，此书能帮你手到擒来。很惭愧，做这种书的，不是中国的学者和出版家；至于对象，也不是历史文化遗迹远比上海丰富的北京。曾在不同场合煽风点火，希望有人步木之内诚先生后尘，为北京编著《历史导游地图》，可惜至今没人接这个茬。

容易与旅游结盟的，一是历史，二是文学。借旅游触摸历史或感悟文学，也算是当代都市人忙里偷闲驰骋想象的一种技巧。见识过“沈从文湘西之旅”或“老舍北京之旅”的计划，再拜读以下两种书籍，说不定能让你茅塞顿开：原来文学竟如此有用！伊恩·坎宁安（Ian Cunningham）编纂的《作家的伦敦》（*Writers' London*, London: Prion Books Limited, 2001），按伦敦街区的划分，依次介绍曾经居住在此的著名作家，连带引录若干短小的精彩篇章，让旅游者得以沿途吟咏。马尔坎·布莱德贝里（Malcolm Bradbury）的《文学地图》（台北：昭明出版社，2000 年）则在“引言”里称，几乎所有的文学作品都可能成为旅游指南。因此，此书采用活泼生动的笔调，“探索从中世纪以来，存在于作家与作品，还有景物、城市、岛屿、大陆之间，许许多多不同的关联”。“它着眼于文学中显在或隐藏的地图，无论是过去的或现在的，现实的或想象的。作家与作品和地方与景物之间，存在密切的联结，而在小说的脉络或文学的盛世中，我们可以捕捉到某个城镇或地区风貌。"从但丁的世界，乔叟时的英国，一直说到柏林墙倒塌后的世界文学风貌，作者的野心够大的。看看乔伊斯时的都柏林或者众多作家笔下的好莱坞，确实有趣。可更有趣的是，你可以读到"孟买的梦想家"，也可观赏"日本：大地之灵的国度"，可就是找不到任何关于中国文学的踪迹。这样也好，与其用五千字的篇幅来描述从屈原到鲁迅的中国文学（就好像谈论日本文学之从《源氏物语》说起）——还得兼及地图的功能，真的不如暂时空缺。不过，你也得承认，这种将文学史与旅游指南结合起来的叙述方式，也算是一种有趣的尝试。

三、作为乡邦文献的北京

常见这样的报道，说某某人读书很刻苦，居京二三十年，从没去过故宫、颐和园和八达岭长城。自然科学家不好说，但如果是人文学者或社会科学家，不说有问题，也是很遗憾。古人云，读万卷书，行万里路。连本地的名胜古迹你都没兴趣，历史感和想象力必定大打折扣，心灵也容易流于干枯。你可以边走边骂，这地方怎么这么脏这么乱，这样陈列如何没文化、没品位；但你还是得走，得看，得游览。一句话，如果长住北京的话，你最好对这座城市的历史与现状感兴趣。作为现代都市人,我们目睹了大规模城市建设中众多成功的考古发掘,这固然激动人心,但并非每个人都能介入。因此,我更看重都市里私人性质的、"爱美的"(amateur)"田野调查"——用你的眼睛,用你的脚步,用你的学识,用你的趣味,体会这座即将变得面目全非的城市。

不但到处走,到处看,最好还业余做点研究,那样的话,生活会变得更有趣些。有心人满眼都是"风景",到处都有值得访问的"古迹"——尤其在八百年古都北京,不难流连忘返。大规模的城市建设,已经让很多古迹销声匿迹,或者移步变形。现在看,还有点样子;再过十年,只有到图书馆和博物馆里看展览翻文献了。最多也就在原址竖一小块标志牌,供有心人凭吊。在东京时,我走访过芥川龙之介的出生地,那里有一小牌;也查找过小林多喜二被关押并杀害的警察局,那里也是同样的标记。二者都在高楼底下,马路旁边,如不是特意留心,且有书籍指引,根本看不出来。好不容易在东京大学见到比较像样的"朱舜水终焉之地"碑,周围还算宽敞,可以从容瞻仰;可仔细一看,此碑也是移动过的。不用说,全都是为高楼让路。

诸位还年轻,精力旺盛,周末骑车在北京城到处走走,挺有意思的。当然,最好别张扬,一张扬,有炫耀雅趣的嫌疑,那可就有点"酸"了。缺乏实用价值的"寻幽探胜",乃古来中国文人的同好,既不值得夸耀,也没必要嘲笑。读有关北京的诗文笔记等,你会发现,希望亲手触摸这座古都的脉搏，明清文人如此，"五四"以后的新文化人也不例外。而且，这种兴之所至的触摸，很容易一转就变成专深的学问。

清代学者对乡邦文献的搜集整理极为热心，成绩也很大，影响及于整个学术潮流。梁启超在《中国近三百年学术史》第十五章里，提及清人之大规模网罗遗佚，往往从乡邦文献入手。鲁迅《会稽郡故书杂集》之"叙述名德，著其贤能，记注陵泉，传其曲实"，走的也是这条路。辑佚只是初步的工作，就像梁启超说的，此举利用世人恭敬乡梓的心理，通过表彰乡邦先贤的人格与学术，以养成一地的风气；而地方风气的养成，甚至可能催生某一学派。这一点，讨论明清学术史的多有涉及。

现代社会流动性大，籍贯不像以前那么重要，反而是长期居住地，这第二甚至第三故乡，潜移默化地影响着你的生活和思想。周作人《故乡的野菜》中有一段话，很得我心："我的故乡不止一个，凡我住过的地方都是故乡。故乡对于我并没有什么特别的情分，只因钓于斯游于斯的关系，朝夕会面，遂成相识，正如乡村里的邻舍一样，虽然不是亲戚，别后有时也要想念到他。我在浙东住过十几年，南京东京都住过六年，这都是我的故乡；现在住在北京，于是北京就成了我的家乡了。"周氏时常评述绍兴先贤的撰述，但也有不少谈论北京的文字，如《北京的茶食》《北平的春天》等。

谈论北京，并非"老北京"的专利。举例来说，邓云乡祖籍虽非北京，但祖上三代已在京居住，撰写《增补燕京乡土记》(北京：中华书局，1998 年)、《文化古城旧事》(北京：中华书局，1995 年)，似在情理之中；而编纂《北京史迹风土丛书》(北京：中华风土学会，1934 年)、《清代燕都梨园史料》(北京：中国戏剧出版社，1988 年)的张次溪，却是道地的广东东莞人。对故乡以及第二故乡的热爱，加上文史方面的浓厚兴趣，很容易诱使你关注北京的史地风物乃至诗词歌赋。等到有一天你发现自己竟然在意北京的一颦一笑，甚至热衷于传播你对这座城市的"独特感受"，那就证明你已经入迷了。对于真正的"北京迷"来说，当然是"英雄不问出处"。

假如你不只是入迷，还想加入关于北京的想象与表述，那么，不妨翻阅前人描述或谈论北京的文字与图像。关于这方面的史料，可参考王灿炽编《北京史地风物书录》(北京：北京出版社，1985 年)，此书收录有关北京的书目六千三百余种，截止日期是 1981 年年底。凡编年谱、全集、书目者，都容易失之于泛，这书也不例外。连《大清会典》《中华民国开国史》都收，那样的话，很容易将"都市研究"混同于中国历史。二十年后的今天，此书依然有用，只是规模应该大为扩展。

真是风水轮流转，十年前撰文感叹关于北京文化史料的丛书大甩买，现在可不一样了，重新包装上市，价格上来了，人气也急剧上升。诸位如果想了解北京的史地风物，北京古籍出版社的那套书比十卷本的《北京通史》有用，也更可读。后者除了专家学者，大概只有图书馆收藏。其实，对于绝大多数读者来说，对某座城市感兴趣，往往是从名胜古迹乃至民俗风情入手。

许多人可能会觉得，只是关心北京，眼界未免有点狭窄。因此，更愿意谈论国家大事乃至世界风云。可我更愿意承认，在家庭与国族之间，还有一个与你日常生活密切相关，深刻地影响着你的喜怒哀乐的"本地风光"。说"乡邦文献"，更多的是为了迁就过去的思路；说"都市研究"，又有点赶时髦的嫌疑；就其强调"本埠新闻"与"在地经验"，挑战传统的一元化知识观和科学观，以及突出包含权利、义务、情感、趣味的"文化认同"而言，我的想法更接近文化人类学意义上的"地方性知识"。

四、作为历史记忆的北京

感慨"北京学"之不受重视，说的不是新闻界，也不是文学界，而是史学家。"旅游热"里的北京，比如胡同游、风味小吃，比如保护四合院、重建城墙，还有老舍茶馆的曲艺、正乙祠的京剧，以及电视台之推介名胜古迹、出版界的展示"旧京大观"等。诸如此类的活动，当然也有专家介入，但学院派似乎不肯再往前走一步，将其转化为学术课题。

前年江苏美术出版社顺应怀古思潮，推出"老城市"系列，其中《老北京》一册被指责为硬伤多多（参见危兆盖《〈老北京〉硬伤举例》，载《中华读书报》1999 年 4 月 14

日）。出版社很聪明，马上发表公开信，感谢批评，并称正抓紧修订，将与第二部、第三部合成三部曲一并推出，相信"会让读者更加满意的"。也就是说，以下的更精彩，更值得选购——由检讨一转而成了广告，实在妙不可言。其实，问题出在作品的定位上："这套书的文字和说明应该是鲜活的、生动有趣的，通俗易懂的而又散文化的。"（参阅江苏美术出版社致危兆盖的公开信，载《中华读书报》1999 年 4 月 28 日）这似乎是通例，出版社都更愿意将诠释都市的责任交给文学家，而不是史学家。倘若用的是文学笔法，又不肯下史学的功夫，其谈论历史悠久的"老城市"，很容易华而不实。

前两年，在一次国际学术会议上，我提到北京作为城市研究的巨大潜力。西安作为古都，上海作为新城，都有其独特的魅力，可北京横跨古今，更值得深入研究。20 世纪 80 年代以来，美国加州大学等学术机构通力合作，使得"上海"成为欧美汉学界的热门话题。上海开埠百余年，其"西学东渐"的足迹十分明显，历史线索清晰，理论框架也比较容易建立。可对于中国的现代化进程来说，上海其实是个特例。相对来说，作为古老中国的帝都，加上又是内陆城市，北京的转型更为痛苦，其发展的路径也更加曲折，很难套用现成的理论。读读西方关于城市研究的著述，你会感到很受启发，可用来研究北京，又总有些不太适用——在我看来，这正是北京研究的潜力所在。"北京学"必须自己摸索，因而更有理论创新的余地——这里所说的，乃理想的境界。

　　我所关注的"北京学"，不是古已有之的南北学术歧异，或者 20 世纪蔚为大观的京派海派之争；也不是柯文（Paul A. Cohen）《在中国发现历史》（北京：中华书局，1989 年）所描述的美国学界 20 世纪 70 年代以后崛起的"中国中心取向"的第二个特点："以区域、省份或是地方为中心"展开考察与论述（142—152 页）。关于京派小说的艺术成就，或中国现代化的区域研究，目前在国内外已有不少研究成果。我更关心的是作为"都市想象"的北京。

　　都市研究可以注重历史地理，比如侯仁之先生的众多研究成果（参见侯仁之主编《北京历史地图集》，北京：北京出版社，1988 年；《侯仁之文集》第二部分"城市历史地理研究"，北京大学出版社，1998 年），也可以侧重城市规划与建筑设计、社会与人口变迁等。侯先生大名鼎鼎，不用我多说，这里想推荐的是两部相对年轻的学者的著述，一是史明正的《走向近代化的北京城——城市建设与社会变革》（北京：北京大学出版社，1995 年），讨论 20 世纪前三十年北京的街道铺设、排污管道、供水照明、交通等市政建设方面的问题；一是韩光辉的《北京历史人口地理》（北京：北京大学出版社，1996 年），讨论从辽代到 20 世纪 40 年代北京的户籍制度、人口规模、人口增长过程与人口控制等。此类专业著述目前数量不多，据说北京出版社有志于此，准备以"北京学书系"的形式，陆续推出文史方面的撰述，走出纯粹的文献整理与怀古感慨。

北京是个有历史、有个性、有魅力的古老城市，正迅速地恢复青春与活力，总有一天会成为像伦敦、巴黎、纽约、东京那样的国际性大都市。观察其转型与崛起，是个很有趣味的课题。施坚雅（G.William Skinner）在《中华帝国晚期的城市》（北京：中华书局，2000 年）里说，中世纪的长安、开封、杭州，都曾是世界最大城市，南京和北京也都有此光荣。"南京在明太祖改建后的十年左右，赶上开罗成为世界最大城市，至 15 世纪某一时期为北京所接替。除了 17 世纪短时间内亚格拉、君士坦丁堡和德里曾向它的居首地位挑战外，北京一直是世界最大的城市，直到 1800 年前后才被伦敦超过。"（32 页）城市不是越大越好，私心希望北京成为像伦敦、巴黎那样适合于人类居住而又能吸引大量游客的"历史文化名城"——首先是对于本地民众的精神与物质需求的满足程度，而后才是对于投资者与观光客的吸引力。施坚雅此书 2000 年 3 月才由中华书局出版中译本，整整迟到了二十年。可这也有好处，那就是我们有了观察的距离与评判的能力，对其热衷于使用计量方法，突出城市研究的社会性与经济性，而相对忽略城市的人文性，会有所反省。

近年翻译出版的西方关于城市研究的著作，主要集中在建筑方面，比如我手头有的意大利学者 L. 贝纳沃罗（Leonardo Benevolo）的《世界城市史》（北京：科学出版社，2000 年），以及美国学者凯文·林奇（Kevin Lynch）的《城市意象》和《城市形态》（北京：华夏出版社，2001 年）。

建筑作为凝固的历史，可以给我们提供很多有用的信息。解读古老的教堂（宗教）、宫殿（政治）、城堡（军事）、市场（经济）、学校（文化），以及连接外部世界的港口与桥梁，确实能让我们贴近历史；可倘若没有"旧时王谢堂前燕，飞入寻常百姓家"这样物是人非的凄婉故事，单是一堆石头，无法激起读者强烈的好奇心与想象力。也许是出于私心，我希望将建筑的空间想象、地理的历史溯源，与文学创作或故事传说结合起来，借以呈现更具灵性、更为错综复杂的城市景观。若陈学霖的《刘伯温与哪吒城——北京建城的传说》（台北：东大图书公司，1996年）之以史家学养处理一则表面看来荒诞无稽的传说，将民俗学、人类学、社会学和宗教学等眼光重叠起来，虽然结论"传说所见大小传统的交融"并没多大震撼力，但其选材之巧妙，以及步步为营的论证，还是很令人愉悦。

五、作为文学想象的北京

讨论北京人口增长的曲线，或者供水及排污系统的设计，非我所长，估计也不是诸位的兴趣所在。我的兴趣是，像本雅明（Walter Benjamin）所描述的"游手好闲者"那样（参见《发达资本主义时代的抒情诗人》，北京：生活·读书·新知三联书店，1989年），在拥挤的人群中漫步，观察这座城市及其所代表的意识形态，在平淡的日常生活中保留想象与质疑的权利。偶尔有空，则品鉴历史，收藏记忆，发掘传统，体验精神，甚至做梦、写诗。

略微了解北京作为都市研究的各个侧面，最后还是希望落实在"历史记忆"与"文学想象"上。其实，历史记忆很大程度必须依赖文学作品，比如，谈论早期北京史的，多喜欢引用荆轲的"风萧萧兮易水寒，壮士一去兮不复还"，或者陈子昂的"前不见古人，后不见来者，念天地之悠悠，独怆然而涕下"。对于非专业的读者来说，荆、陈二诗的知名度与影响力，一点也不比曾发生在这片土地上的众多波澜壮阔的历史事件弱。因此，阅读历代关于北京的诗文，乃是借文学想象建构都市历史的一种有效手段。

清人编《人海诗区》（北京：北京古籍出版社，1994 年），分都城、宫殿、苑囿、驿馆、园亭、坊市、寺观、岁时、风俗等十六类，收录从南北朝到清初的诗作近两千首，给今人的阅读提供了很大方便。1940 年著名藏书家傅增湘见到此书稿后，撰有一跋，称"余谓录燕京之诗，宜以燕地建都之时为断"；"若远溯晋唐，似于名实未符"。我同意这一见解，做历史地理的考辨，可以而且必须从燕国说起；但如果讨论都市想象，则高适、苏辙、汪元量等，其实都帮不上什么忙。因为，直到 1153 年金中都建成，海陵王下诏迁都，北京方才正式成为一代王朝的首都，并一直延续到元、明、清三代。1403 年明成祖朱棣改北平为北京，此后作为都城的北京发展神速，很快取代南京而成为其时中国乃至世界上首屈一指的大都市。

我关注的是成为世界性大都市以后的北京之"文学形象"。原因是，讨论都市的文学想象，只凭几首诗是远远不够的。我们能找到金代的若干诗文以及寺院遗址，也知道关汉卿等杂剧名家生活在元大都，但此类资料甚少，很难借以复原其时的都市生活场景。而15世纪起，情况大为改观，诗文、笔记、史传，相关文字及实物资料都很丰富。从公安三袁的旅京诗文、刘侗等的《帝京景物略》，一直到20世纪的《骆驼祥子》《春明外史》《北京人》《茶馆》等小说戏剧，以及周作人、萧乾、邓云乡关于北京的散文随笔，乃至80年代后重新崛起的京派文学，关于北京的文学表述几乎俯拾即是。成为国都的八百年间，北京留存下大量文学及文化史料，对于今人驰骋想象，是个绝好的宝库。这一点，正是北京之所以不同于香港、上海、广州的地方。作为一座城市，地层过于复杂，意蕴特别深厚，随便挖一锄头都可能"破坏文物"，容易养成守旧心理，不利于时下流行的"与世界接轨"；但从长远来看，此乃真正意义上的"无形资产"，值得北京人格外珍惜。

了解都市研究的一般状态，进入我们的正题"文学北京"，你会发现许多有趣的话题。比如王士禛的游走书肆，宣南诗社的诗酒唱和；西郊园林的江南想象，厂甸的新春百态；沙滩红楼大学生们的新鲜记忆，来今雨轩里骚人墨客的悠然自得；还有30年代的时尚话题"北平一顾"，60年代唱遍大江南北的红色歌曲《我爱北京天安门》……所有这些，都在茶馆里的缕缕幽香中，慢慢升腾。

台湾学者逯耀东有一奇文《素书楼主人的写作环境》（见《胡适与当代史学家》，台北：东大图书公司，1998年），说的是史学家钱穆的写作与其生存空间的关系。因钱穆《朱子新学案》最后一章提及"朱子出则有山水之兴，居复有卜筑之趣"，作者于是追问"更喜一袭长衫徜徉于山水间"的钱先生，是如何经营自家的写作环境的。其实，比起学者来，文学家的创作，无疑更受周围环境的影响。对于文学家来说，所谓"写作环境"，绝不仅仅是书房外的风景，或深巷里的市声，更包括其踟蹰街头、遥望城楼、混迹市井等生活阅历。

几年前在布拉格游览，见卡夫卡纪念馆里出售《卡夫卡与布拉格》，以为是旅游介绍，后才发现是很严肃的学术专著。我相信，极少有游客对这四五百页的专业著述感兴趣，回过味来，反而钦佩起纪念馆的眼光。去年在伦敦参观狄更斯纪念馆，更是让我惊讶不已，那里同时出售三种出自不同作者之手的《狄更斯与伦敦》。这才明白，探讨作家与其生存的城市之关系，原来可以如此"雅俗共赏"。在汉学研究范围内，我只记得前年在东京开过一次"中国作家的东京体验"专题研讨会，会后还出版过集子。

其实，讨论文学与城市的关系，除了作家的生活体验，还有思潮的崛起、文体的变异、作品生产及传播机制的形

成、拟想读者的制约等，所有这些，美国加州大学出版社
1998 年出版的理查德·利罕（Richard Lehan）所著《文学
中的城市：知识与文化的历史》（The City in Literature：An
Intellectual and Cultural History），均多少有所涉及。该书将
"文学想象"作为城市存在的利弊得失之"编年史"来阅读，
从"启蒙时代的伦敦"，一直说到"后现代的洛杉矶"，既涉
及物质城市的发展，更注重文学表现的变迁。作为现代都市
人，我们在阅读关于城市生活的文学作品中成长；正是这一
对城市历史的追忆或反省，使我们明白，城市的历史和文学
文本的历史，二者之间不可分割。作者讨论启蒙运动以降西
方文学史上的城市，侧重小说中的人物及其寓意的分析，也
关注生产方式的改变对于文学潮流与文学形式的深刻影响。
但因太受"文学"二字拘牵，毫不涉及对于都市想象来说同
样至关重要的绘画、建筑、新闻、出版、戏剧等（即便作为
参照系），其笔下的城市形象未免太"单面向"了。另外，
相对于精彩的城市功能抽象分析，"文学城市"伦敦、巴黎、
纽约等的独特魅力没能得到充分的展现，实在有点可惜。

　　汉语世界里关于都市与文学的著作，我最欣赏的，当数
赵园的《北京：城与人》（北京：北京大学出版社，2002 年）
和李欧梵的《上海摩登—— 一种新都市文化在中国，1930—
1945》（北京：北京大学出版社，2001 年）。不仅仅是北京、
上海这两座城市的魅力所致，更由于两位作者的独具慧眼。
前者 1991 年便由上海人民出版社印行，只是当初读者寥寥，

且常被误归入地理或建筑类；这次与《上海摩登》一并推出，当能引起广泛的阅读。赵书谈论的，基本上还只限于城市文学；李书视野更为开阔，以都市文化为题，涉及百货大楼、咖啡厅、公园、电影院等有形的建筑，以及由此带来的文人生活方式及审美趣味的改变，更讨论印刷文化与现代性建构、影像与文字、身体与城市等一系列极为有趣而复杂的问题。

六、作为研究方法的北京

借用城市考古的眼光，谈论"文学北京"，乃是基于沟通时间与空间、物质文化与精神文化、口头传说与书面记载、历史地理与文学想象，在某种程度上重现八百年古都风韵的设想。不仅于此，关注无数文人雅士用文字垒起来的都市风情，在我，主要还是希望借此重构中国文学史图景。

谈论中国的"都市文学"，学界一般倾向于从 20 世纪说起；可假如着眼点是"文学中的都市"，则又另当别论。在《〈十二个〉后记》中，鲁迅称俄国诗人勃洛克为"现代都会诗人的第一人"："他之为都会诗人的特色，是在用空想，即诗底幻想的眼，照见都会中的日常生活，将那朦胧的印象，加以象征化。将精气吹入所描写的事象里，使它苏生；也就是在庸俗的生活，尘嚣的市街中，发见诗歌底要素。"至于中国，鲁迅说得很肯定："中国没有这样的都会诗人。我们有馆阁诗人，山林诗人，花月诗人……没有都会诗人。"

周作人或许不这么看，因其在《〈陶庵梦忆〉序》中，已经给张岱奉上"都市诗人"的桂冠："张宗子是个都市诗人，他所注意的是人事而非天然，山水不过是他所写的生活的背景。"对鲜衣美食、华灯烟火、梨园鼓吹、花鸟古董等民俗文化和都市风情有特殊兴趣的张岱，确实与传统中国文人对于山水田园的夸耀大异其趣。假如我们不将都市诗人与现代主义直接挂钩，那么，周作人的意见未尝没有道理。

再进一步推论，考古学意义上的都市，几乎与文明同步；文学家对于都市的想象，当然也应十分久远。为何历史学家与经济学家所津津乐道的都市，在文学史家那里基本缺席？并非古来中国文人缺乏对于都市的想象，而是此等文字一般不被看好。

一部中国文学史，就其对于现实人生的态度而言，约略可分为三种倾向：第一种，感时与忧国，以屈原、杜甫、鲁迅为代表，倾向于儒家理想，作品注重政治寄托，以宫阙或乡村为主要场景；第二种，隐逸与超越，以陶潜、王维、沈从文为代表，欣赏道家观念，作品突出抒情与写意，以山水或田园为主要场景；第三种，现世与欲望，以柳永、张岱、老舍为代表，兼及诸子百家，突出民俗与趣味，以市井或街巷为主要场景。如此三分，只求大意，很难完全坐实，更不代表对具体作家的褒贬。如果暂时接受此三分天下的假设，你很容易发现，前两者所得到的掌声，远远超过第三者。

王佐良《并非舞文弄墨——英国散文名篇新选》（北

京：生活·读书·新知三联书店，1994 年）选了小品文大家兰姆 1801 年致湖畔诗人华兹华斯的信，开头便是："我的日子是全在伦敦过的，爱上了许多本地东西，爱得强烈，恐非你们这些山人同死的大自然的关系可比。"而在中国，很长时间里，文人不愿意承认自己对于都市生活的迷恋，在城乡对立的论述框架中，代表善与美的，基本上都是宁静的乡村。

一直到 20 世纪，现当代文学史上的诸多大作家，乃至近在眼前的第五代电影导演，对乡村生活的理解与诠释，都远远超过其都市想象。这里有中国城市化进程相对滞后的缘故，但更缘于意识形态的引导。很长时间里，基于对商人阶层以及市井百姓的蔑视，谈论古代城市时，主要关注其政治和文化功能，而相对忽略了超越职业、地位乃至种族与性别的都市里的日常生活。历史上中国的诸多城市（如所谓"六大古都"，还有扬州、苏州等）都曾引领风骚，并留下数量相当可观的诗文笔记等。可惜文学史家很少从都市文学想象角度立论，而更多地关注读书人的怀才不遇或仕途得志。

都市里确实存在着宫殿或衙门，读书人的上京或入城，确实也主要是为了追求功名。可这不等于五彩纷呈的都市生活，可以缩写为"仕途"二字。明人屠隆《在京与友人书》中极力丑化"风起飞尘满衢陌，归来下马，两鼻孔黑如烟突"的燕京，对比没有官场羁绊的东南佳山水，感叹江村沙上散步"绝胜长安骑马冲泥也"。这里有写实——比如南人不喜欢北地生活；但更多的是抒怀——表达文人的孤傲与

清高。历代文人对于都城的"厌恶"有真有假，能有机会
"致君尧舜上，再使风俗淳"，而心甘情愿地选择"采菊东篱
下，悠然见南山"的，为数不是很多。更吸引人的，其实还
是陆游所描述的"小楼一夜听春雨，深巷明朝卖杏花"。晚
清以前，中国农村与城市的生活质量相差不大，特别是战乱
年代，乡村的悠闲与安宁更值得怀念。但总的说来，都市经
济及文化生活的繁荣，对于读书人来说，还是很有吸引力
的。"大隐隐朝市"，住在都市而怀想田园风光，那才是最佳
选择。基于佛道二家空寂与超越的生活理想，再加上山水田
园诗的审美趣味，还有不无反抗意味的隐士传统，这三者融
合，决定了历代中国文人虽然不乏久居都市者，一旦落笔为
文，还是倾向于扬乡村而抑都市。

朝野对举的论述框架，既可解读为官府与民间的分野，
也隐含着城市与乡村、市井与文人的对立。引进都市生活场
景，很可能会使原先的理论设计复杂化。比如，唐人的曲江
游宴，宋人的瓦舍说书，明人的秦淮风月，清人的宣南唱
和，都很难简化为纯粹的政治符号。

同样远离作为审美理想的"山林气"，官场的污浊与市
井的清新，几不可同日而语。随着学界的视野及趣味逐渐从
士大夫转移到庶民，都市生活的丰富多彩会日益吸引我们；
对中国文学的想象，也可能因此而发生变化。以都市气象来
解读汉赋的大气磅礴，以市井风情来诠释宋词之别是一家，
以市民心态来评说明人小说的享乐与放纵，应该不算是领异

标新。除了关注城市生活中的文人情怀，比如《桃花扇》里风月无边的秦淮河，或者《儒林外史》之以隐居乡村的王冕开篇，以市井四奇人落幕；更希望凸显作为主角的都市，以及其催生新体式、新风格、新潮流的巨大魔力。

这方面的著作，我能推荐的，一是日本学者石田干之助的《长安之春》（东京：平凡社，1967 年），一是已译成汉语的法国学者谢和耐（Jacques Gernet）的《蒙元入侵前夜的中国日常生活》（南京：江苏人民出版社，1995 年）。前者借助唐诗及唐人文章，描述唐代长安春天百花斗艳、令人心旷神怡的景象；后者则以《梦粱录》《武林旧事》《都城纪胜》等笔记为主要素材，构建南宋都城杭州的日常生活。对于历史学家来说，帝都北京固然好看，市井北京或许更值得认真开掘。在这个意义上，上述二书不无参考价值。

假如有朝一日，我们对历代主要都市的日常生活场景"了如指掌"，那时，再来讨论诗人的聚会与唱和、文学的生产与知识的传播，以及经典的确立与趣味的转移，我相信会有不同于往昔的结论。起码关于中国文学史的叙述，不会像以前那样过于注重乡村与田园，而蔑视都城与市井。

2002 年 2 月 26 日于京北西三旗

附记：

上学期，我为北京大学中文系的研究生开设一选修课，题为"北京文化研究"。此文乃依据2001年9月12日的"开场白"整理而成。完稿之日，恰逢元宵佳节，家居京城北郊，不在禁放之列，于是鞭炮震耳聋，礼花迷人眼，好一派都市风光。抄两首乾隆年间杨米人所撰《都门竹枝词》助兴："雪亮玻璃窗洞圆，香花爆竹霸王鞭。太平鼓打咚咚响，红线穿成压岁钱。""灯市元宵百样灯，烧来火判焰腾腾。黄鹂紫燕全无影，三月街头早卖冰。"

（原刊《书城》2002年第3期、［台湾］《联合文学》2003年第4期）

图像的北京

——在"北京：都市想象与文化记忆"
国际学术研讨会开幕式上的发言

在北京庆祝建都八百五十周年的大好秋色里，我们聚会在风景宜人的燕园，是一种幸运，也是一种缘分。三年前，同样是在这个会议厅，曾成功地举行了"晚明与晚清：历史传承与文化创新"国际学术研讨会；三年后的今天，我们重续前缘，纵谈"北京：都市想象与文化记忆"。与会的，有旧雨，也有新知，有先进，也有后辈，各人学术背景及趣味不尽相同。但既然千里赴会，济济一堂，必然是对这座城市的前世今生抱有浓厚的兴趣。在我看来，单凭这一点，也就够了。因为，诸位均学有所长，会上定有精彩的发挥。作为主持者，我们的任务很简单，那就是为诸位的表演搭建尽可能完美的舞台。至于会议的主旨等，早在邀请信中有所说明；有兴趣的朋友，还可以参考我附录在"论文提要"集中的《"五方杂处"说北京》。

在"晚明与晚清"开幕式上，我专门介绍了程序表的设计，说明为什么独独选上了陈洪绶《水浒叶子》中的安道全与任熊《剑侠传》中的红线；这回稍微复杂，除了必不可少的程序表，还有会场及周边环境的设计。在诸位用精彩的语言、文字以及身段动作来描述、解说、阐释北京时，若能配上若干图像资料，让大家有身临其境的感觉，我相信，那绝对不会是"无用功"。

关于北京的图像资料，可谓汗牛充栋；如何取舍，取决于对会议主旨的理解。不算"阅读城市"圆桌会议六位引言人，此次会议共有论文三十四篇，其大致特征如下：第一，面向过去，背对未来，绝大部分是历史研究，而非建策献言；第二，关注的是平民百姓的日常生活，极少牵涉宫廷争斗或政界秘闻；第三，论述对象包括北京的文学（小说、诗歌、戏剧、小品文）、音乐、教育、传媒、宗教、建筑、生活环境及民族意识等，基本上属于文化史的思路。根据这一特征，我选择了这样三组图像。

作为大环境的北京城，本想借用法国阿尔贝·肯恩博物馆编《旧京影像：持久的幻影？》（北京：中国农业出版社，2001年）的资料，那些拍于1912年的"彩照"，用在喷绘的背景和广告牌上，效果极好，且很有历史感。彩色玻璃正片照相法20世纪初方才研制成功，1907年开始商业化，其介乎水彩画与摄影之间的艺术效果，如梦境般幽远与朦胧。这个专题展，2001年10月20日至11月25日在北京的首都博物馆展出，我曾带学生前去参观，感觉极佳。只是时间紧迫，未能及时征得阿尔贝·肯恩博物馆的同意，不敢擅自挪

图 1 《北京：都市想像［象］与文化记忆［论文提要］》所用陈师曾《北京风俗图》

用。另外选择两枚摄于 20 世纪 20 年代的老照片，一是西直门，一是景山下的骆驼。这些佚名摄影家的作品，因系公开刊行，没有知识产权问题。

单有高耸的城墙还不够，配上那颇为沧桑的塞外骆驼，北京的味道这才无可置疑。关于骆驼与北京人日常生活的联系，不妨借用郑午昌为《北京风俗图》"拉骆驼"所作的题词："驼夫踏遍六街尘，倚炕围炉万户春。借问长安行路客，雪中送炭有何人。"

谈论北京，既离不开城，更缺不了人。会议程序表及论文提要的封面与封底，所用水墨人物，均采自民国年间举足轻重的大画家陈师曾的《北京风俗图》。陈师曾（1876—1923），名衡恪，号槐堂，江西义宁（今江西省修水县）人，乃晚清名臣陈宝箴之孙、大诗人陈三立之子、大学者陈寅恪之兄，早年留学日本，1909年归国，先任江西省教育司司长，不久转而致力于美术教育，曾被聘为北京大学画法研究会导师。陈既是书画名家，又擅理论研究，有《中国绘画史》等著述。鲁迅《〈北平笺谱〉序》对这位老同学之"才华蓬勃，笔简意饶，且又顾及刻工省其奏刀之困，而诗笺乃开一新境"，有很高的评价；胡适、黎锦熙合撰的《齐白石年谱》，则专门表彰陈师曾发现、宣传齐白石的功绩。

《北京风俗图》共三十四幅，作于1914年至1915年，每幅均有友人题词。此次挪用，为追求整体效果，将题词删去。对于风俗画来说，背景资料十分重要，起码可以帮助我们尽快地进入规定情景。作为封面的"说书"，其题词有二，一是："白雪阳春世厌闻，巴人下里日纷纭。居然别有弦歌曲，点缀升平到十分。"（藕庐）作为封底的"玩鸟"，也有二则题词，一是："小人闲居，无以自娱。一饮一啄，且与鸟俱。"（饿麟）关于这册风俗图的历史及文化意义，叶恭绰的跋语值得注意："抑此册虽戏作乎，由今观之，其此物连类伤今怀古之意，可触发于毫楮间，观者其以为《清明上河》也可，以为《东京梦华录》《武林遗事》之插图也可。"

关注文化史而非政治史，使得我撇开天坛、故宫或天安门，而选择了普通的城墙；关注平民百姓的日常生活，而非刀光剑影或军国大事，又使得我格外青睐陈师曾的《北京风俗图》；至于邀请摄影家沈继光在会场周围陈列作品，则是为了营造良好的阅读环境与文化氛围。与其他摄影家之喜欢宏大叙事与整体关照不同，沈继光明显偏爱局部。我的解读是：面对正迅速消逝的承载着八百年帝都光荣的"老北京"，即便摄影家极力打捞，也只能留下若干历史的残片；之所以将目光集中在建筑的局部与生活的细节，那是因为，作为先人的手泽与记忆，一砖一瓦总关情，没有理由不格外珍惜。

在"北京文化研究"课堂上，我曾大发感慨，研究历史上以及现实中的都市，除了理性与清明，严谨与勤奋外，还得对对象有几分温情与敬意。这一点，与艺术家对这座城市的凝视、流连、把玩乃至迷恋，颇有些相似。如此说来，这些图像资料及其制作者，已经无言地进入了我们的学术讨论。

关于"舞台背景"的说明，到此为止，接下来，大幕徐徐拉开，表演即将开始。作为会议的主持者，我预祝讨论会圆满成功。

2003 年 10 月 22 日于北大勺园

（初刊《书城》2003 年第 12 期）

想象北京城的前世与今生

——答新华社记者刘江问

问：谁都无法否认，古老的北京正在对我们转过身去。在苍茫的历史烟尘中，昔日熟悉而亲切的面容，正变得越来越模糊：伴随着城墙、胡同和四合院的消失，京腔、京韵也都日渐喑哑，在众多拔地而起的高楼大厦之间，穿梭奔跑着大量来自外乡的和异国的新移民。在这种背景下，那么多专家学者聚集在一起，谈论"北京：都市想象与文化记忆"，难免给人别有幽怀的感觉。作为会议的组织者，你能否谈谈这次会议筹备的经过？

答：学界以上海为视角探讨中国现代化进程的努力，近三十年来取得了很大成绩；可也正因此，"上海学"很难再有大的突破。相对来说，作为八百年古都，北京的现代化进程更为艰难，从抵抗、挣扎到追随、突破，其步履蹒跚更具代表性，也更有研究价值。三年前我们便开始酝酿这一学术转向，其间包括在北大开设"北京文化研究""现代都市与现代文学"等专题课，指导有关北京研究的博士及硕士论

文，主编"北京读本"，以及为台湾《联合文学》杂志主持
《北京专号》，还有编印《北京研究书目》等。经由一系列前
期准备工作，自觉已具备召开国际会议的学术实力。至于这
次会议的召开，能否对已渐成气候的"北京学"产生积极的
影响，只能留待后人来评说。

问：三天的国际会议，发表了很多论文，你能否略为
概括？

答：除了那次有阿城、莫言、陈丹青、舒乙等加盟，现
场气氛极好的题为"阅读城市"的圆桌会议，其余的，都是
学者们正儿八经地宣读论文并回答质疑。总共三十四篇论
文，在我看来，都很精彩。其基本特征如下：第一，面向过
去，背对未来，绝大部分是历史研究，而非建策献言；第
二，涉及故都的街壤气味、文人逸事乃至市井新闻等，关注
的是平民百姓的日常生活，极少牵涉宫廷争斗或政界秘闻；
第三，论述对象包括北京的文学艺术（小说、诗歌、小品
文、戏剧、音乐）、教育、传媒、宗教、建筑、生活环境及
民族意识等，大体上属于文化史的思路。

问：我注意到，你们这次会议，谈论的主要不是北京，
而是关于北京的记忆与想象，我的理解没错吧？

答：没错。关于北京的论述，完全可以，而且必须有
多种角度与方法。原先建议与会者考虑的问题包括："明

清以降北京的社会生活、民俗风情、建筑风格、语言变迁""明清以降北京的文化生产，如教育、出版、文学、艺术等""明清以降不同时代、不同媒介、不同文类所呈现的'北京'""明清以降作家们的帝都（首都）体验与文学表现之关系""作为思想主体与作为表现对象的'北京人'""从知识考掘的角度反省'北京史'的建构"等六个方面。一次会议不可能解决这么多问题，但这个规划，大致体现了我们的研究思路，日后会进一步深入拓展。

谈论关于北京的"记忆"和"想象"，这明显区别于政治史、经济史、军事史的视角。不管你是否生活在当代中国，作为学者，你来谈论北京，不免会涉及这座都城的过去、现在与未来。表面上看，"过去"好说，不外借助相关史料，复原或分析那早已消逝的场景；"现在"也不难，既得益于自家的生活体验，还可以采用田野调查等；只有"未来"，显得有点玄虚。其实，人们悬想北京的未来，必然是在了解其前世今生的基础上展开；反过来，对于这座都城前世今生的解读，也受制于我们对于未来的想象。这只是从一个特殊的角度，切入北京史研究。这里混合着古人与今人、中国人与外国人、研究者与研究对象等对于北京这座既饱经沧桑又生机勃勃的大都市的体验、想象、描述与阐释。

问：近年来，建筑、旅游圈内对北京的研究日渐升温。人文学者介入到对北京史地以及精神特质的讨论，原因是什么？

答：同一座城市，有好几种面貌：有用刀剑刻出来的，那是政治的城市；有用石头垒起来的，那是建筑的城市；有用金钱堆起来的，那是经济的城市；还有用文字描出来的，那是文学的城市。我关注这几种不同类型的北京，但兴趣点明显倾向于最后一种。有城而无人，那是不可想象的；有了城与人，就会有说不完的故事。人文的东西，需要不断地去讲述、解说。文献资料、故事传说、诗词歌赋等，这些文字建构起来的北京城，至少丰富了我们的历史想象与文化记忆。

现在谈论北京，关注比较多的是城墙、胡同、四合院等有形的、看得见摸得着的物体。这种谈论，切近日常生活，容易引起民众的兴趣。其实，在城市改造中失落的，不仅仅是古老的建筑，还包括对于这座城市的历史记忆。并非只是四合院的问题，还包括对这座城市的前世今生有无深入的体贴，或者说"理解的同情"。借助于"北京学"，至少可以让我们在心理上对这座城市多几分亲近之情，也多几分敬畏之心。你越琢磨，会越觉得这里头学问大，远远超越了所谓的"区域研究"或"都市文化"的范围。

十年前，我曾写文章呼吁，应该将"北京学"作为一个专门领域来认真经营。在北京，一方面因为学者们来自五湖四海，另一方面这里是中华人民共和国的首都，因此，研究者考虑更多的是国家，而非城市。生活在北京的学者，大都眼界广阔，更希望谈论中国与世界；可有意无意中遗漏了脚下同样异彩纷呈的北京城，实在可惜。

在国外，关注巴黎的建筑、历史、文化、思想的，并不仅仅是巴黎人。都市是人类文明的重要成果，北京也不例外。作为八百年古都，北京凝聚着中华民族的很多精神及物质文化遗产。考察北京的历史、建筑、民俗、文学等，完全可以是一个学术分量很重的课题。

问：你在表述个人的治学理念时，常常提到"压在纸背"的心情。能否透露一下，在进行北京研究的过程中，你有哪些题外的思考？

答：就我个人而言，关注北京，还有另外一方面的考虑，那就是如何护住中国文化的"根"，不要让它在全球化浪潮中毁掉。在我看来，现在大家谈得很欢的"经济一体化"与"文化多样化"的良性互动，那是一种一厢情愿的理想化陈述。目前的状态是，经济一体化高歌猛进，文化多样化则步履蹒跚。在这种大潮下，真正本土化的东西很难存活。只有大的国家、大的文化传统才有可能坚持下去，才有可能挺住。我相信中国文化资源深厚，能够挺得住，但这需要在抵抗中有所转化、有所创新。

相对于时代大潮，个人的力量实在太渺小，只能做到尽心尽力。保不住城墙，保不住四合院，那就保住关于这座城市的历史记忆，这也是一种功德。除了建筑的城市，还有一个城市同样值得守护——那就是用文字构建的、带有想象成分的北京。这是我们能做的事情。学者们用教育、学术、大众传媒甚至口头讲演等，尽可能让大家留住这个城市的身影，留住"城与人"之间"剪不断，理还乱"的复杂情感。

说实话，我对能否保护好四合院，不抱很大的信心。但即使不成功，也必须抵抗，甚至像舒乙那样，不避"爱国者捣蛋"之讥，不断呼吁保护文物以及城市文化生态。我们常常埋怨政府保护不力，谴责房地产商心太黑，这些都有道理。但老百姓的生活理想，也是一种无形的力量；而且，这种力量很大，不能低估。你会发现，很多老百姓心目中美好的生活场景，是从影视里获得的，是纽约、巴黎、东京等大都市的繁华街市，而不是朴素淡泊的老北京。穷怕了的中国人，需要过上"体面的生活"，这一合理的愿望，比任何呼吁都更有力量。由于历史的原因，大部分四合院已经沦落为大杂院，在那里生活的北京人，对专家们所论证的四合院建筑的美感没有真实的体会，只知道其"脏乱差"。反倒是文化人，出于某种理念，一直呼吁保护四合院。你让老百姓投票，看他们要那些未经改造、没有现代设施的四合院，还是宽敞明亮的高楼大厦，恐怕很多人会选择后者。二十多年的欧风美雨，形成了中国人"现代化"等于"欧美化"的错觉，落实在城市建设中，便是努力拷贝纽约等"国际性大都市"的繁华景观。可能要等几十年后，我们才会认真反省今日推土机大量铲平四合院的野蛮行径。但那已经为时太晚了，只有凭吊的份儿。就像我们今天谈论北京拆城墙一样，现在想起来很难受，当初呢？人类注定只能不断走弯路。没吃过这苦，你硬要来什么"警世恒言"，很难奏效。如果不是黄河断流、太湖污染、北京沙尘暴肆虐，我们对于经济建设中如何保护生态环境，不会像现在这么重视。

旧城改造中短期效果与长远利益的碰撞，政府对一年一小变、三年一大变的承诺，以及百姓安居乐业的紧迫要求，所有这些，都使得保存古都风貌的呼吁，在资金匮乏、时间紧迫等借口下，被无情地搁置。当然，我也承认，四合院的保护，面临很多实际困难。以前幽雅的四合院，现在已经变成大杂院，那种悠闲、清净的美好记忆，早就没了。要改造，必须把很多住在里面的普通市民清退出来，这样做，代价很高。而改造好了的四合院，身价倍增，能够住进去的，基本上已经不再是普通市民了。如果四合院里居住的，全都是有钱人、外地人、外国人，那么四合院以前的人际环境、文化氛围等，也就全都丧失了。若干年后，你来看北京，城墙我们有东南角楼，四合院也有几个保护区；然后，就是各种适合于旅游观光的仿古新建筑。这样的旧城改造，不能说是成功的。这些问题，作为个体的学者，基本上是无能为力的。除了呼吁，我们还能做些什么？只能在力所能及的范围内，保护我们的历史记忆——即使已经成为残片，也要努力将其连缀成文。

问：你说到全球经济一体化，在这个浪潮下，北京研究具有怎样的意义？

　　答：全球化是一种经济潮流，可更是一个文化进程。我们迎进来的，不仅是各种各样的名牌商品，也是各种各样的生活趣味。很快地，我们就会意识到，对一个国家、一个民族来说，既保留本土的历史文化记忆，而又避免成为狭隘的民族主义者，不是很容易的事情。刚才说了，我对中国有信心，那是因为中国有足够大的市场、足够大的回旋余地以及发展空间，还有足够雄厚的文化传统。如果是"蕞尔小国"，没有深厚的文化根基，真不知道该怎么办才好。

　　作为文化人，我对全球化是有很深的忧虑的。相对来说，这些年我们看到的，多是改革开放二十年来"与国际（西方文化）接轨"产生的正面效应；以后，我们会越来越多地面对一些负面的影响。比如，今天我们看到的充斥在日常生活中的种种生理的、心理的、社会的、家庭的问题，比如青少年犯罪、大学生心理健康、社会青年的焦虑与忧闷等，这些都逐渐浮现出来了。你可以说这是每个社会都有的难题，但我更愿意强调其中思想文化的因素——以前制衡着整个社会的伦理道德以及思想观念被冲得七零八落，新的意识形态又没有真正确立。我们需要重新拼接自己的精神文化传统，使之成为一个足以安身立命的根基。在这个意义上，我的北京研究，不仅仅是力图理解中国现代化进程，还包含着精神重建的意味。

　　问：随着胡同以及四合院的消失，北京的城市物质形态正发生巨变，你认为这座城市未来的精神面貌，会陷入怎样的境地？

答：提到老北京，很自然地，人们就会想起胡同和四合院。不仅仅是建筑样式，还有胡同里的那种人际关系以及文化氛围。这一切现在都变了，社会在急剧转型，文化也受到很大冲击；但这和旧城改造不是一对一的关系。我不想把整个社会兴衰、思潮起伏，全都落实在四合院的存废上。那样做，未免太"大题小做"了。所谓的旧城改造，值得认真评说；但这个话题不能承载整个社会经济转型所带来的诸多问题。当我们用图像和文字恢复即将消逝的古都风貌时，容易带上浓厚的感情色彩。但我们必须明白，这只是冰山一角，切忌夸大自己工作的重要性。我的思路是，在全球化浪潮中，保存本土的文化想象，是一个相当艰巨的任务，值得我们努力。此事有意义，而且，不是完全不可为；如此而已，不要把自己想得太伟大。

问：既然北京从建筑到精神都已发生变化，学者们想通过对历史片段的连缀，构筑一个逝去的北京，这样的做法，对年轻人有什么意义？

答：开研讨会时，有一个学生就提出这个问题。我想，对一个人来说，有实际生活需求，比如吃喝拉撒等，那很重要；而精神生活，则相对显得"奢侈"些。但人之所以不同于其他动物，正是因为他有这些奢侈的需求。比如，喝不求解渴的茶、看远在天边的落日、听脱离实际功用的秋雨，所有这些生活趣味，确实没有"实际意义"，但对于人来说，决定了其高低雅俗。人类除了最基本的温饱之外，很多东西都是凭借文化来达成的。历史、传说、想象、记忆等，确实无关国家的 GDP，也无关个体的年薪，但这些东西，决定我们的生活质量。就像文学艺术，是"无用"，可也是"大用"。不能把精神生活跟每一件具体的日常事务挂钩，如果那样的话，你说得越实在，就越发不对劲。我们只能这么说，有没有历史感，有没有审美能力，有没有文化品位，对于一个人来说，至关重要。

2001 年，我在北大开设"北京文化研究"专题课，学生中有中国的，也有外国的。我跟他们说，趁着老北京还没有完全消逝，赶紧四处走走看看，这样，对这座城市才有真切的体会。日后做研究，心里踏实多了。首先是理解这座城市，喜欢这座城市，然后再谈研究。除了人们常说的建筑（比如四合院），最好把文学带进来，把记忆与想象带进来，这样，这座城市才有可能"活起来"。"旧时王谢堂前燕，飞入寻常百姓家。"只有斑驳的百姓家，只有来去匆匆的燕子，还不够，还必须把"旧时王谢"的历史记忆带进来，这个画面才完整，才有意义。把人的主观情感以及想象力带入都市研究，这个时候，城市才有了喜怒哀乐，才可能既古老又新鲜。另一方面，当我们努力用文字、用图像、用文化记忆来表现或阐释这座城市的前世与今生时，这座城市的精灵，便得以生生不息地延续下去。

问：我注意到你这会场的布置很用心，议程表也印得很精致，有什么意图？

答：在开幕式上，我专门谈了"图像北京"的设想。会场的背景和看板，我选择的是两枚摄于 20 世纪 20 年代的老照片，一是西直门，一是景山下的骆驼。单有高耸的城墙还不够，配上那颇为沧桑的塞外骆驼，北京的味道这才无可置疑。至于议程表及论文提要的封面与封底，我选用的水墨人物，采自民国年间举足轻重的大画家陈师曾的《北京风俗图》。关注文化史而非政治史，使得我撇开天坛、故宫或天安门，而选择了普通的城墙；关注平民百姓的日常生活，而非刀光剑影或军国大事，又使得我格外青睐陈师曾的《北京风俗图》；至于邀请摄影家沈继光在会场周围陈列作品，则是为了营造良好的阅读环境与文化氛围。面对正迅速消逝的承载着八百年帝都光荣的"老北京"，即便我们极力打捞，也只能留下若干历史的残片；之所以将目光集中在建筑的局部与生活的细节，那是因为，作为先人的手泽与记忆，一砖一瓦总关情，没有理由不格外珍惜。

问：听你谈论北京研究，除了课题的意义，还特别看重心情？

答：是的，在"北京文化研究"课堂上，我曾大发感慨，研究历史上以及现实中的都市，除了理性与清明、严谨与勤奋外，还必须对研究对象有几分温情与敬意。这一点，与艺术家对这座城市的凝视、流连、把玩乃至迷恋，颇有些相似。这样，当我们谈论琉璃厂书香，考察天桥民俗，或者阅读历代文人的西山游记时，才可能感同身受，才可能有深入的体味。

问：很多作家都写过自己对北京的情感，其中给我留下印象最深的是老舍先生，他说他对北京的爱是说不出来的，是对母亲的爱。作为一个从广东来的外乡人，北京最吸引你的是什么呢？

答：理论上，人都有亲近自己故乡的本能。可你会发现，也有不少道地的北京人，对北京的欣赏与理解，反而不及外地人。因为外乡人对北京有好奇心，满眼看过去，一切都很新鲜，假如真是有心人，沉醉其中，不无收获。就像我，越是到一个自己不熟悉的地方，越想了解其乡风民俗、名胜古迹；如果条件允许，还忍不住舞文弄墨。比起忙里偷闲，撰写《阅读日本》和《大英博物馆日记》来，北京无疑更让我魂牵梦绕。

有时候，你在一个地方住了十年八载，一点感觉也没有；但有一天，突然产生一种莫名其妙的冲动，对这座城市的生死存亡，感到忧心忡忡，似乎有一种责任感。这个时候，你会突发奇想，特别想为这座城市写点东西。这种想法，或许是不自量力。但没关系，就像《水浒传》电视剧主题曲唱的，"该出手时就出手"。外地人对于北京这座城市的感觉，与老北京自然不同，缺了那份亲近与熟悉，但有敏感、真诚、好奇心，还有不同的参照系。

老舍对北京的感情是发自内心的，他从小在这里长大，那些细微末节的感触，那些知根知底的体会，有不可及处，像我这样的外地人，学不来。但周作人说得好，一个地方住久了，那就是我的故乡（《故乡的野菜》）。我从1984年到北京读书，至今已在这座城市居住了二十年。我喜欢这座城市，喜欢她的文化积淀深厚，也欣赏她的大气。当然，生活上是有些不方便，比如城市太大，交通拥堵，还有雨水太少等。但读书人对书斋、对朋友、对文化氛围的要求很高，相对来说，日常生活的不便，可以忽略不计。

问：我注意到你说的《北京研究书目》，会场上有人有，有人没有，为什么？

答：那是专门为这次国际学术研讨会编印的，正式代表才有。因时间紧迫，编选时多利用网络资料，许多书籍未经核实，所以不敢广泛散发。这本书目的编纂，目的是为研究北京历史、文化、文学、艺术、教育的学者提供方便。所录书籍，包括各国学者及艺术家描写、记录、研究北京的各种文字及图像资料，对于文体不做具体规定（既可以是文学作品，也可以是学术著作，还可以是图谱等）。因1982年北京出版社出版过王灿炽编《北京史地风物书录》，所以中国大陆部分，我们主要收集了最近二十年出版（包括重印）的书。台湾、香港版及外文（英、法、德、日、韩）书籍不受此限制。书目编得很粗糙，等有机会认真修订，再提供给学界。

问：会议期间，有什么好玩的事吗？

答：有的。有位教授告诉我，她旁边坐着一位女房地产商，整整听完三天会议，临走时扔下这么一句话：她想撤出北京市场。她说，没想到这么多人对这座城市有如此深厚的感情，竟用这样的方式来谈论这座城市的前世今生。其实，建筑师以及房地产商人中，也有对目前北京推土机的过分猖獗不以为然的。他们的努力，比我们更实在。我们只是发发感慨，最多影响社会舆论；他们如果有心、有力，是有可能实实在在地改变城市建设格局的。

问：记得你在《"五方杂处"说北京》一文中曾预言："北京研究将成为中国学界的热门话题"，其依据是什么？

答：相对于上海来说，北京的复杂性要大得多。海外学者一直都很关注上海，因为上海是西方世界的一个投影，西方人很容易理解这座所谓"东方的巴黎"；另一方面，他们在阐释上海的过程中，隐约有一种自尊与自豪。但在我看来，相对于其他中国城市，相对于20世纪中国的历史进程，上海是个很特殊的例子。而北京的步履蹒跚，更能体现古老

中国在面对西方文化激烈冲击时的困惑与挣扎。从大历史的
角度解读这一两百年来中国的命运，北京是个很好的缩影，
她比起上海来更典型。她的困惑、迷茫，以及纷乱中的崛
起，所有这些，都"特别中国"。

目前的北京，兼及东方与西方、乡村与城市、秩序与叛
逆、现代与后现代，什么都搅和在一起，很奇特。跟巴黎、
纽约、东京那样的国际性大都市不太一样，北京给人的印象
是比较"土"。这里的"土"，不纯粹是坏事。或许人们在记
忆这座城市时，因此会有更多的历史感，感情也更为复杂。
直面这座城市发展中的成败得失，对所谓的"都市化"以及
"现代性"的理解，当更为丰富。我相信，会有越来越多的
学者对这座城市感兴趣。原有的都市研究，不见得能完全解
释北京的发展与困惑；这种历史进程的独特性，是有可能催
生出具有原创性的理论的。

问：你自己的"北京研究"，将会如何进行下去？

答：北京联合大学有个北京学研究所，他们出的刊物
上，发过一篇文章，做文献考辨，发现我是最早提出"北京
学"的。那是我的一则短文，发表于1994年9月的《北京
日报》。实际上，我只是感兴趣，并没有深入探究。当年胡
适说自己对于新诗"提倡有功，创造无力"。我之于"北京
学"，则连"提倡"之功都说不上。自己力所不及，但希望
学生们能有所成就。

去年我在北大开了一门课，就叫"现代都市与现代文学"，每周带着研究生一起阅读、讨论下面这九本有关城市的书：理查德·利罕的《文学中的城市：知识与文化的历史》、李欧梵的《上海摩登》、赵园的《北京：城与人》、谢和耐的《蒙元入侵前夜的中国日常生活》、陈学霖的《刘伯温与哪吒城——北京建城的传说》、施坚雅的《中华晚期帝国的城市》、卡尔·休斯克（Carl E. Schorske）的《世纪末的维也纳》、本雅明的《发达资本主义时代的抒情诗人》，以及石田干之助的《长安之春》。选书的标准，除了学术质量，还希望兼及思路与方法、文学与历史、中国与外国、古代与现代等。学生们对《世纪末的维也纳》和《发达资本主义时代的抒情诗人》两本书尤其感兴趣，那种游手好闲的姿态，那种观察品味城市的能力，那种将城市的历史和文本的历史搅和在一起的阅读策略，都让他们很开心。

我之研究北京，关注的不是区域文化，而是都市生活；不是纯粹的史地或经济，而是城与人的关系。虽有文明史建构或文学史叙述的考虑，但我更希望像波德莱尔观察巴黎、狄更斯描写伦敦那样，理解北京这座城市的七情六欲、喜怒哀乐。如此兼及历史与文学的研究角度，当然是由我自己的学科背景决定的。

2004 年 11 月 22 日修订于京西圆明园花园

附记：

2003 年 10 月，北京大学 20 世纪中国文化研究中心、哥伦比亚大学东亚语言文化系和北京大学中国语言文学系联合主办了"北京：都市想象与文化记忆"国际学术研讨会，来自国内外的四十名专家学者，聚集在静谧的燕园，试图用想象和记忆的碎片来重构一个精神的古都。会议吸引了许多旁听者，也引起不少媒体的关注。《北京晨报》《北京日报》《人民日报》《瞭望东方周刊》《文汇读书周报》、香港《文汇报》《书城》《读书》、日本《东方学》等先后刊发专题报道或相关论文。其中，发表在 2003 年 12 月 4 日《瞭望东方周刊》上的《北京失忆》，是新华社记者刘江的采访记，可惜被大加删节。近日寻出原稿，重加修订，奉献给读者，就算是笔者迟到的"北京研究答客问"。

（初刊《北京师范大学学报》2005 年第 4 期）

北京记忆与记忆北京

——《北京：都市想像与文化记忆》序

一

　　作为名词的记忆，乃是保留在脑海里的关于过去事物的印象；作为动词的记忆，则是追想、怀念、记住某人与某事。当你说"昔游再到，记忆宛然"（《关尹子·五鉴》）时，指的是前者；当你说"醒来记忆，谱入管弦"时（《长生殿·闻乐》），指的则是后者。所有曾游历过或居住在北京的人，都有关于这座城市的或浓或淡或深或浅的记忆；但并非每个人都能将这种自然生成的零散漂浮的印象，变成一种自觉的文化活动。将"记忆"从名词转为动词，意味着一个人物、一件史事或一座城市有可能从此获得新生。

　　不妨借用鲁迅的两篇文章，阐发"记忆"之如何成为重要的文化生产与创作动力。在《忆韦素园君》中，鲁迅用文学化的语言，谈论其对于往事以及故人的记忆：

> 我也还有记忆的，但是，零落得很。我自己觉得我
> 的记忆好像被刀刮过了的鱼鳞，有些还留在身体上，有
> 些是掉在水里了，将水一搅，有几片还会翻腾，闪烁，
> 然而中间混着血丝，连我自己也怕得因此污了赏鉴家的
> 眼目。[1]

除了对"赏鉴家"的讥讽别有幽怀外，"零落得很"的记忆，
乃是人间常态。至于"像被刀刮过了的鱼鳞"，如此比喻，
妙不可言。

所有对于往事的记忆，必定都是残缺不全，有因时间侵
蚀而断裂，也有因人为破坏而损耗。面对往日生活的破碎印
象，必须有足够的想象力与理解力，方才能很好地复原那些
远去了的历史场景，并对其做出准确的价值评判。残片很
美，也颇能打动我们；可更美妙的，还是如何将残片连缀成
文。文学家和学问家的努力，就是搜寻失落的中间环节，填
补诸多空白，呈现一个相对完整的已经消逝了的世界，并发
掘其深藏的意义。

像《朝花夕拾》那样的散文，不用说，是"从记忆中抄
出来的"[2]；可就连小说，也在某种程度上得益于对往日生
活的追忆。这一点，《〈呐喊〉自序》说得很清楚：

---

〔1〕 鲁迅：《忆韦素园君》，《鲁迅全集》6卷63页，北京：人民文学出版社，
1981年。
〔2〕 鲁迅：《〈朝花夕拾〉小引》，《鲁迅全集》2卷230页。

　　所谓回忆者，虽说可以使人欢欣，有时也不免使人寂寞，使精神的丝缕还牵着已逝的寂寞的时光，又有什么意味呢，而我偏苦于不能全忘却，这不能全忘的一部分，到现在便成了《呐喊》的来由。[1]

其实，文学史以及文化史上的诸多名篇，都是建立在对于往事的精彩记忆，以及对于记忆的深度阐发上。在这过程中，由于回忆者的文化立场以及审美趣味，可能会污染证据，也可能会误入歧途，更可能过度诠释；但无论如何，人类无法抵御回忆往事的巨大诱惑。

　　哈佛大学教授斯蒂芬·欧文（即宇文所安，Stephen Owen）在论述"中国古典文学中的往事再现"时，有这样的说法：

　　如果说，在西方传统里，人们的注意力集中在意义和真实上，那么，在中国传统中，与它们大致相等的，是往事所起的作用和拥有的力量。[2]

西方我不敢说，但要说古代中国人对于再现往事的兴趣，以及对于追忆这一行为的敬重，那我信。人类无法进入"时间

---

〔1〕 鲁迅：《〈呐喊〉自序》，《鲁迅全集》1卷415页。
〔2〕 斯蒂芬·欧文著、郑学勤译：《追忆》2页，上海古籍出版社，1990年。

隧道", 去修补不尽如人意的历史; 但回忆往事的诱惑, 却实实在在地存在。

说国人常常沉湎于对往事的记忆, 其实不太恰当。不错, 中国有十分丰富的历史著述, 也不乏召唤往事的诗文; 但另一方面, 在现实生活中, 中国人又很健忘——尤其是对于那些惨痛的往事。

作为动词的"记忆", 构成了人类重要的生活方式, 其直接对应物, 则是有意无意的"忘却"。在鲁迅笔下, "记忆"与"忘却"之间的巨大张力, 几乎构成了一部现代史。对中国人之"记性不佳", 擅长忘却, 鲁迅很是痛心疾首:

> 人们因为能忘却, 所以自己能渐渐地脱离了受过的苦痛, 也因为能忘却, 所以往往照样地再犯前人的错误。[1]

国人常说"前车之鉴", 可实际上, 对那些过于惨烈的往事, 往往不堪回首。战死在黄花岗头的烈士, 先是被当作茶余酒后的谈资, 接着, 便被寻求欢乐的人们所忘却。因为, "久受压制的人们, 被压制时只能忍苦, 幸而解放了便只知道作乐, 悲壮剧是不能久留在记忆里的"[2]。读读鲁迅那些饱蘸血泪撰写的文章, 比如《记念刘和珍君》《为了忘却的记念》

---

〔1〕 鲁迅:《娜拉走后怎样》,《鲁迅全集》1 卷 162 页。
〔2〕 鲁迅:《黄花节的杂感》,《鲁迅全集》3 卷 409 页。

《白莽作〈孩儿塔〉序》等，你能理解作者的悲愤之情。与
"遗忘"抗争，不断回忆并努力发掘那些被统治者刻意抹杀
的历史印记，在任何时代，都是悲壮的举动。

　　追忆往事，并不仅仅是为今日的决策提供某种借鉴；那
样的思路，实在太狭隘，且乏味得很。你会为往事所感动，也
能从中获得启示，但就像欧文所强调的："古代的东西并不是
可以任意摆布的工具，它们是价值的具体体现"；"如果仅仅把
过去应用于现在，我们就永远掌握不了完整的过去和有生命的
过去"[1]。即使我们目不转睛，即便我们万分虔诚，依然无法完
全摆脱以今人的眼光和趣味去剪裁历史，如果再添上"借古讽
今"的创作意图，焉能不处处陷阱？其实，我们只能记忆我们
愿意记忆的——外在的限制以及内心的恐惧，使得我们所谈论
的文明史——包括北京城，永远只能残缺不全。

　　就拿北京城来说，经由一代代作家及学者不懈的努力，
其形象正日渐清晰，其魅力也正日渐呈现。追忆往事，抗拒
遗忘，尽可能多地呈现丰富复杂的历史面相，这就是我所说
的由自发的"北京记忆"，转向自觉的"记忆北京"。

二

　　二十年前，作家萧乾在《人民日报》上发表文章，称

---

〔1〕　斯蒂芬·欧文著、郑学勤译：《追忆》17—19页。

"该有座北京市的博物馆了"。为什么？理由很简单：

> 今天，年轻的市民连城墙也未必见过。他们可知道
> 民国初年街上点的是什么路灯？居民怎么买井水？粪便
> 如何处理？花市、猪羊市、骡马市，当年是个什么样
> 子？东四、西单还有牌楼？

至于老北京的民俗，比如婚丧礼仪，还有雍和宫的"打鬼"、国子监的祭孔，以及一年到头举行的庙会，"真有说不尽的热闹"。萧乾认定："这么一座以古老城市的政治史和社会史为内容的博物馆，不但会吸引外国旅游者，更有助于本地市民的'寻根'。"[1]也就是说，在 20 世纪 80 年代的"寻根"热潮中，北京人终于发现，我们需要找到自己跟这座城市之间的血肉联系。而这，无疑比吸引游客、赚取外汇还要重要得多。

第二年，萧乾又在《北京晚报》上连续发表十则《北京城杂忆》，除了新旧北京的衣食住行、人情世态、历史掌故、京白与吆喝、布局和街名，还提到 20 世纪 20 年代在北京做"寓公"的英国诗人奥斯伯特·斯提维尔所撰的《北京的声与色》、30 年代在北大教书的英国作家哈罗德·艾克敦的自传《一个审美者的回忆录》、老舍的《龙须沟》、传统相声

---

[1] 萧乾：《一个北京人的呼吁·向城市建设部门进三言》，《北京城杂忆》41 页，北京：生活·读书·新知三联书店，1999 年。

《卖布头》《大改行》等。或许，在萧乾眼中，文学的文本跟城市的历史，二者互相交织，密不可分。而这，正是关注都市生活的文学史家所要讨论的问题。

美国加州大学洛杉矶校区教授理查德·利罕在其所著《文学中的城市》中，将"文学想象"作为"城市演进"利弊得失之"编年史"来阅读；于是，既涉及物质城市的发展，更注重文学表现的变迁：

> 随着物质城市的发展，她被用文学措辞再描述的方式（特别是在小说方面）也得到了不断的演进：喜剧的以及罗曼蒂克的现实主义带我们穿越商业城市；自然主义和现代主义带我们进入工业城市；后现代主义则带我们洞察后工业城市。城市和文学文本共有着不可分割的历史，因而，阅读城市也就成了另一种方式的文本阅读。这种阅读还关系到理智的以及文化的历史：它既丰富了城市本身，也丰富了城市被文学想象所描述的方式。[1]

在某种程度上，我们所极力理解并欣然接受的北京，同样也是城市历史与文学想象的混合物。

陈桥驿在推荐施坚雅主编的《中华帝国晚期的城市》

---

[1] Richard Lehan. *The City in Literature: An Intellectual and Cultural History.* University of California Press, 1998, p.289.

时，称扬其超越了传统的"人文学性的历史记述"，而成为"历史社会科学的比较城市研究"。前者"从叙述城市的历史沿革，考证城市的地名由来，探究城市的人物掌故以至坊巷俚语、市井逸闻，面面俱到，无所不有"，因此不可能有"深入的分析"。我基本同意陈先生的看法，只是希望略作补充。我并不认为只有"通过城市的社会经济的研究"，才能揭示城市发展的规律性的东西[1]；文学想象与文化记忆，同样可以帮助我们进入城市。

谈到北京，我一再坚持，必须把"记忆"与"想象"带进来，这样，这座城市才有生气，才可能真正"活起来"。"旧时王谢堂前燕，飞入寻常百姓家。"只有斑驳的百姓家，只有来去匆匆的燕子，还不够，还必须把"旧时王谢"的历史记忆带进来，这个画面才完整，才有意义。把人的主观情感以及想象力都带入都市研究，这个时候，城市才有了喜怒哀乐，才可能既古老又新鲜。另一方面，当我们努力用文字、用图像、用文化记忆来表现或阐释这座城市的前世与今生时，这座城市的精灵，便得以生生不息地延续下去[2]。记忆与实录之间，固然存在很大的差异；文学创作与历史著

---

〔1〕 参见陈桥驿《〈中华帝国晚期的城市〉后记》，载施坚雅主编、叶光庭等译《中华帝国晚期的城市》，北京：中华书局，2000年。

〔2〕 参见拙文《"五方杂处"说北京》，载《书城》2002年3期；《想象北京城的前世与今生》，载《北京师范大学学报》2005年1期；《文学的北京：春夏秋冬》，见《文学的周边》1—41页，北京：新世界出版社，2004年。

述，其对于真实性的界定，更是不可同日而语。可"驰骋想象"，这个让历史学家深感头痛的话题，很可能在文化史家那里如鱼得水——解读诸多关于北京的"不实之词"，在我看来，意味无穷。因为，关于城市的"集体记忆"，不管虚实真假，同样值得尊重。学者的任务，不是赞赏，也不是批判，而是理解与分析。

走出单纯的风物掌故、京味小说，将"北京城"带入严肃的学术领域，这很重要。但同是都市研究，主旨不同，完全可能发展出不同的论述策略。注重历史考证与影响现实决策，思路明显不同。倘若将城市作为文本来阅读、品味，则必须透过肌肤，深入其肌理与血脉，那个时候，最好兼及史学与文学、文本分析与田野调查。也正因此，本书的取材，涉及了考古实物、史书记载、口头传说、报章杂志等。虽说无法呈现完整的历史图景，各论题之间互相搭配，参照阅读，起码让我们意识到，所谓的"北京记忆"，竟可以如此丰富多彩。

三

在我看来，阅读北京，最好兼及学者的严谨、文人的温情以及漫游者的好奇心。这方面，德国的文化史及文艺理论家瓦尔特·本雅明（Walter Benjamin, 1892-1940）是个很好的例子。比如，在《发达资本主义时代的抒情诗人》一书中，借助游手好闲者的眼光来观察巴黎：

> 在波德莱尔那里，巴黎第一次成为抒情诗的题材。他
> 的诗不是地方民谣；这位寓言诗人以异化了的人的目光凝
> 视着巴黎城。这是游手好闲者的凝视。他的生活方式依然
> 给大城市人们与日俱增的贫穷洒上一抹抚慰的光彩。[1]

学者本雅明一如诗人波德莱尔，在拥挤的人群中漫步，观察
这座城市及其所代表的意识形态，这种兼具体贴、温情与想
象力的"漫游"，既不同于市民的执着，也不同于游客的超
然，而是若即若离，不远不近，保留足够的驰骋想象的空
间，还有独立思考以及批判的权力。

"游手好闲者"之观察城市，注重瞬间、偶然以及破碎的
现代体验，其关于都市场景的描述以及社会现象的观察，不
以完整性诱人，而以深刻性见长。一方面，这是本雅明特有
的写作方式——为各种新颖的城市意象所吸引，注重个人体
验，喜欢寓言与象征，使用诗一样的语言，因此言不尽意，
引诱阅读者参与对话；另一方面，理解城市，我们确实需要
在历史地理、建筑艺术、社会经济等专业分析之外，添加对
于诗歌等文学文本的解读。后者的多义性、象征性、深刻性，

---

[1] 本雅明著、张旭东等译：《发达资本主义时代的抒情诗人》189 页，北
京：生活·读书·新知三联书店，1989 年。

表面上不太好把握，可更容易引起"震惊"的感受。如果超越实际决策，谈论"北京记忆"时，希望深入到历史、人生、精神、文化层面，则本雅明的思路不无可供借鉴处。

如何将被动的"北京记忆"，转化为主动的"记忆北京"，无论是作家还是学者，都必须在回忆之外，添加联想、分析、思考与裁断。这是一个充满激情而又相当艰苦的过程。在《柏林纪事》中，本雅明谈及记忆的意义和方法：

> 必须不惮于一遍又一遍地回到同一件事情上。将它揉碎就像揉碎土块；将它掀起，就像掀起土壤。因为，那事情本身只是一种储存，一个层次，只服从于最细微的检视，检视土壤中埋藏的真正的宝贝……因此，记忆一定不能以叙述的方式进行，更不能以报道的方式进行；而应以最严格意义上的史诗和狂想曲的方式进行。要将铁锹伸向每一个新地方；在旧的地方则向纵深层挖掘。[1]

记忆政治上的史事人物，也记忆地理上的高山大川，还有就是介于自然与历史之间、兼及人与物的都市。解读博物馆里收藏的"断肢残片"，需要想象力，也需要科学精神。挖掘

---

〔1〕 瓦尔特·本雅明著、潘小松译：《莫斯科日记·柏林纪事》221—222页，北京：东方出版社，2001年。

者的那把铁锹，既指向深不可测的过去，也指向遥不可及的未来；既指向宏大叙事的民族国家想象，也指向私人叙事的日常生活细节。

在《世纪末的维也纳》一书的"导论"部分，原普林斯顿大学教授卡尔·休斯克曾这样介绍自己的研究方法：拒绝"预先接受一个抽象的范畴来作为分析的工具"（比如黑格尔的"时代精神"），而是主张"对多元的现象予以经验的观察，再基于这些观察来形构文化类型"。具体论述时，既有历时性的历史溯源，也有共时性的文本分析——后者借助人文学科的内在分析方法，用以"捕捉20世纪那些不属于科学范畴的文化创造者的内在世界"。全书并不呈现完整的历史图像，而是在各章中分别讨论"世纪末的维也纳"的文学与政治、都市规划与建筑风格、贵族文化传统与现代大众政治、《梦的解析》中的政治与弑父、绘画，以及自由派自我的危机、文化秩序的瓦解及表现主义的诞生等。每个章节各自独立，分别从不同的领域来探讨同一个主题，"而贯串各章节的基调，乃是政治与文化的互动关系"。为什么这么处理？那是因为作者意识到，学科的分野越来越清晰，专业化的结果，导致知识支离破碎，研究者在论述中"无法兼顾领域与领域之间的互动关系"。而在作者看来，"共同的社会体验，乃是孕育文化元素的沃土，也是文化借以凝聚的基础"。所以历史学家必须学会"评估一个思想内容与跟它同时的其他文化分支的关系"，穿梭于文学、政治学、艺术史、哲学、建筑等不同领域[1]。

关于北京的论述，完全可以，而且必须有多种角度与方法。虽然本书论述的对象包括北京的文学（小说、诗歌、小品文）、艺术（绘画、戏剧、音乐）、教育、传媒、宗教、建筑、生活环境以及民族意识等，穿越诸多学科领域，但仍有很大的拓展空间[2]。就像所有的回忆，永远是不完整的，既可能无限接近目标，也可能渐行渐远——正是在这遗忘（误解）与记忆（再创造）的巨大张力中，人类精神得以不断向前延伸。总有忘不掉的，也总有记不起的，"为了忘却的记念"，使得我们不断谈论这座城市、这段历史。在这个意义上，记忆不仅仅是工具，也不仅仅是过程，它本身也可以成为舞台，甚至构成一种创造历史的力量。

四

大概是害怕被人批评为"怀旧"，二十年前，萧乾在杂

---

〔1〕卡尔·休斯克著、黄煜文译：《世纪末的维也纳》36—46页，台北：麦田出版，2002年。

〔2〕原先建议与会者考虑的问题包括："明清以降北京的社会生活、民俗风情、建筑风格、语言变迁""明清以降北京的文化生产，如教育、出版、文学、艺术等""明清以降不同时代、不同媒介、不同文类所呈现的'北京'""明清以降作家们的帝都（首都）体验与文学表现之关系""作为思想主体与作为表现对象的'北京人'""从知识考掘的角度反省'北京史'的建构"等六个方面。一次会议不可能解决这么多问题，但这个规划，大致体现了我们的研究思路，日后会进一步深入拓展。

忆北京时，不断强调自己并非"发怀古之幽思"[1]。在应日本学者要求所撰的《〈杂忆〉的原旨》中，萧先生再三辩解："我是站在今天和昨天、新的和旧的北京之间，以抚今追昔的心情，来抒写我的一些怀念和感触。"[2]饱含深情地谈论"老北京"，这样一来，很难避免"今不如昔"或"借古讽今"的大帽子。二十年后的今天，我们或许很难体会萧乾当初谈论此话题时的如履薄冰：

> 从大的方面，我当然更爱今天的北京。……所以当我眼睁睁看着我爬过的城墙和城楼给拆成平地时，我一边往心里掉眼泪儿，一边宽慰着自己说，只要能让人人都吃上饭，拆什么怎么拆都成。[3]

不全是外在的压迫，现代中国的知识分子，多有此平民意识，不敢以自家的审美趣味来冲撞百姓的日常生活。很久以后，我们方才醒悟到，拆城墙无益于国计民生，纯属"历史的误会"。

前年出版的《城记》，直言五十年来北京城市改造的缺失，不但没有受到批判，反而成为畅销书，可见时代潮流的变化。作者王军自称严守记者职责，主要以各种口述及文字

---

[1] 萧乾：《北京城杂忆·昨天》，《北京城杂忆》11 页。
[2] 萧乾：《〈杂忆〉的原旨》，《北京城杂忆》33 页。
[3] 同上，33—35 页。

资料说话，但入手处是那完整保存北京古城、在古城外建设中心区的"梁陈方案"，对五十年来北京城的营建，自然是批评多于赞许[1]。而绝大部分欣赏此书的读者，也都跟作者一样，对于"梁陈方案"的被搁置"扼腕长叹"。如此明目张胆地"发怀古之幽思"，不怕别人扣帽子，足证二十年间思想文化界的进步。

实际上，随着旧城改造的积极推进，"老北京"已走上了不归之路。古都风貌的迅速失落，与北京记忆的日渐清晰，二者之间不无联系。也正是因为痛感逝者不可追，才突然间出现那么多关于老北京的追忆——如果连"追忆"都没有了，那"老北京"可就被彻底埋葬了。

在某种意义上，我们永远生活在对于过去的记忆之中。一方面，今人的性格、情绪、言谈、举止等，被无数的"旧时风物"所缠绕；另一方面，我们对于未来的想象，乃是"旧时风物"的续写或反写。历史就像一个幽灵，以片断

---

[1] 王军称："对这段历史我不敢妄加评说，我所做的只是尽可能寻找并整理史料，它们来自老报纸、老期刊、尚未面世的文字资料、当事人的口述以及与之相关的史籍论著。全书分为十章，从北京的现实入手，以五十多年来北京城营建史中的历次论争为主线展开叙述，其中又以20世纪五六十年代为重点，将梁思成、林徽因、陈占祥、华揽洪等一批建筑师、规划师的人生故事穿插其间，试图廓清'梁陈方案'提出的前因后果，以及后来城市规划的形成，北京出现所谓'大屋顶'建筑、拆除城墙等古建筑的情况，涉及'变消费城市为生产城市''批判复古主义''大跃进''整风鸣放''文化大革命'等历史时期。"（《城记》1页，北京：生活·读书·新知三联书店，2003年）

（而非全景）的方式，进入我们的视野——不是历史学家和教科书里所谈论的井然有序的知识体系，而是充斥在日常生活中的"文明的碎片"。如此阴魂，召之不来，挥之不去，严重影响着我们的现实规划以及未来想象。过去提"新旧杂陈"，往往带有讽刺的意味；现在，我们终于意识到，抽刀断水水更流——这才是真实的历史。

在这个意义上，"怀旧"乃天底下再正常不过的个人情绪与社会行为，既没那么伟大，也没那么不堪。追忆往事，可以是家国兴亡（如杜甫《江南逢李龟年》），也可以是一己悲欢（如杜牧《遣怀》）[1]；可以是儿时趣闻（如沈复《浮生六记·闲情记趣》），也可以是老来感伤（张岱《陶庵梦忆·自序》）[2]。共同的动机或举措，甚至使用同一文类或题材，都不能保证回忆的质量。

谈论家国兴亡与追忆城市盛衰，二者颇多相通处。实际上，有些重要的"城记"，倘若你"凝神寂听"，同样写尽历史沧桑与人间悲欢。比如，同是极尽铺张描写之能事，班固的《两都赋》对比东西两京的宫殿苑囿，颂扬后汉的崇尚

---

〔1〕 杜甫《江南逢李龟年》："岐王宅里寻常见，崔九堂前几度闻。正是江南好风景，落花时节又逢君。"杜牧《遣怀》："落魄江南载酒行，楚腰肠断掌中轻。十年一觉扬州梦，赢得青楼薄幸名。"

〔2〕 沈复《浮生六记·闲情记趣》："余忆童稚时，能张目对日，明察秋毫，见藐小微物，必细察其纹理，故时有物外之趣。"张岱《陶庵梦忆·自序》："鸡鸣枕上，夜气方回，因想余生平，繁华靡丽，过眼皆空，五十年来，总成一梦。今当黍熟黄粱，车旅蚁穴，当作如何消受？"

礼乐、修明法度；鲍照的《芜城赋》则借广陵一城的今昔盛衰，感叹"天道如何，吞恨者多"。表面上，无论是城池宫阙，还是残垣断壁，都无言地屹立在天地间，但对于阅读者来说，除了视觉上的冲击，更有情感上的震撼。这就是历史，也是"追忆"的魅力所在。

同样长期生活在北京，女作家冰心读了《北京城杂忆》后，对萧乾满怀眷恋地描写七十年前北京城的色香味却不大以为然，因为：

> 那时的"姑娘"和"学生"，就没有同等的权利！他和我小弟坐过的"叮当车"——有轨电车，我就没有为了尝试而去坐过。我也没有在路边摊上吃过东西。我在上学路上闻到最香的烤白薯和糖炒栗子，也是弟弟们买来分给我吃的。[1]

萧乾所记忆的那些"老北京一般的孩子所能享受到的"，对冰心来说都很陌生，这就难怪她对那有着"尘土飞扬的街道"以及"泥泞的小胡同"的老北京，实在很不喜欢。因此，当她说起"灰色的城墙不见了，流汗奔走的人力车夫也改行了"时，由衷地感慨："我对北京的喜爱是与日俱增

---

[1] 冰心：《读了〈北京城杂忆〉》，《北京城杂忆》31 页。

的。"[1]谈及拆城墙，萧乾往心里掉眼泪儿，冰心却没有这种痛楚的感觉。我欣赏萧乾的诚挚，也感谢冰心的直言。读冰心的文章，起码让我们明白，对于老北京，并非每个人都有好感。换句话说，并不存在一个统一的北京——因阶级不同、种族不同、性别不同、年龄及文化水准不同，导致了各自"北京想象"的巨大差异。

现实世界中的都市，有着巨大的内在矛盾，所谓"浑然一体"，只是一种假象。就好像以胡同为代表的老北京，与以大院为代表的新北京，存在着裂缝；紫禁城的皇家政治与宣南的士大夫文化之间，也有巨大的差异。富贵东城与幽雅西山、王公贵族与平民百姓，并不享有共同的记忆。同一座城市，新旧、贫富、高低、雅俗，同时存在，互相制约。如果再考虑到时间这一轴，还有文体（比如小说、诗歌、散文、专著）本身的规定性，关于北京的诸多记忆，其面貌可能截然不同。正是这"多重变奏"，使得北京作为八百年古都兼国际性大都市，其形象与魅力得到了极好的呈现。

五

哈佛大学教授李欧梵在谈论现代史上的"双城记"时，提及 20 世纪早期的北京和上海："只是大家提起所谓的'京

---

〔1〕 参见冰心《寄小读者》通讯二十以及《读了〈北京城杂忆〉》。

派'和'海派'，对前者似乎略带敬意，而对后者颇加揶揄。"在李先生看来，北京的"唯我独尊式的中心主义太强"，让人感觉很不舒服；更有文化意义的，其实是上海与香港[1]。在一个标榜"边缘"成为时尚的时代，北京作为政治文化中心，难逃被批评的命运。可要说世人谈论此话题时，多褒京贬海，这倒未必。

20世纪30年代挑起京海之争的沈从文，确实看不大起商业色彩较浓、或油滑或消闲的海派文人[2]；可并非所有人都这么看。对上海文坛多有批评的鲁迅，面对京海这一话题时，马上读出"北人的卑视南人，已经是一种传统"的弦外之音[3]。比起北人厚重、南人机灵之类古已有之的说法，京派近官而海派近商的分辨，无疑更有现代色彩。在《"京派"与"海派"》中，鲁迅称，北京是明清的帝都，上海乃各国之租界，文人之在京或没海，不免各有依靠：

> 要而言之，不过"京派"是官的帮闲，"海派"则是商的帮忙而已。……而官之鄙商，固亦中国旧习，就更使"海派"在"京派"的眼中跌落了。[4]

---

〔1〕参见《李欧梵季进对话录》40—41页，苏州：苏州大学出版社，2003年。

〔2〕参见沈从文《文学者的态度》(《大公报·文艺副刊》1933年10月18日)、《论"海派"》(《大公报·文艺副刊》1934年1月10日)等文。

〔3〕鲁迅：《上海文艺之一瞥》，《鲁迅全集》4卷291—303页；《北人与南人》，《鲁迅全集》5卷435—436页。

〔4〕鲁迅：《"京派"与"海派"》，《鲁迅全集》5卷432—433页。

熟悉鲁迅关于"帮忙文学"与"帮闲文学"的论述[1]，当不难明白其对此二者均无好感。可仔细品味，你会发现，并非各打五十大板，鲁迅对京派的反感，似乎还在海派之上。所谓北平的学者文人，其"研究或创作的环境，实在是比'海派'来得优越的，我希望着能够看见学术上，或文艺上的大著作"，其实是语含讥讽的。不是有五四运动的光荣吗？可惜当时的战士，功成名遂后，身退者有之、身稳者有之、身升者更有之，难得再有愿意举起匕首与投枪的。

后世的史家，早就超越了30年代的京海之争；可由于文化立场及学术兴趣不同，对这两座城市依旧各有褒贬。统而言之，谈论近代中国的关注上海，谈论现代中国的关注北京；喜欢都市景观的关注上海，喜欢乡土记忆的关注北京；研究经济的关注上海，研究政治的关注北京；国外学者更关注上海，国内学者更关注北京……现实生活中争强斗胜、此起彼伏的"双城记"，俨然已经蔓延到学术领域。

我曾多次提到，国内外学界以上海为视角，探讨中国现代化进程的努力，已经取得了很大成绩。相对来说，作为八百年古都，北京的现代化进程更为艰难，从抵抗、挣扎到追随、突破，其步履蹒跚，更具代表性，也更有研究价值。可惜的是，大有发展潜力的"北京学"，目前远不及"上海

---

[1] 参见《帮忙文学与帮闲文学》(《鲁迅全集》7 卷 382—384 页) 和《从帮忙到扯淡》(《鲁迅全集》6 卷 344—345 页)。

学"辉煌。

作为一次国际学术会议的论文结集，本书的出版，只能说是为崛起中的"北京学"添砖加瓦。至于砖瓦之是否优美、结实、合用，编者说了不算，最好还是留给读者评断。

于是，勒住马头，虚晃一枪，留下这不太离题的"读后感"。

2005 年 1 月 6 日于京西圆明园花园

（初刊《北京社会科学》2005 年第 1 期及陈平原、王德威主编《北京：都市想像与文化记忆》[北京大学出版社，2005 年]）

文学的北京：春夏秋冬

首先，我必须回答这么一个问题：为什么选择北京作为演讲题目？去年秋冬，我来台大中文系客座一学期，最大的感觉是，上海对台北民众的亲和力，远远高于北京。这里的很多人，觉得上海很可亲近；至于北京——还有人依旧叫"北平"，则相当陌生。甚至有人问我，到底是北京大，还是台北大？我说，这很容易解答：北京有一千三百万人口，台北是三百万；台北市的面积，大概等于北京市的二十七分之一。当然，我这里所说的北京，是包括郊县的——现在大都改为区，如通州、昌平等。一座城市，面积太大、人口太多，不一定是好事，可人家还历史悠久呢。这你就不能不刮目相看了吧？

最近，我们在北大开了个题为"北京：都市想象与文化记忆"的国际学术讨论会，刚好碰上北京市纪念建都八百五十周年，很受关注。不说五十万年前的周口店"北京人"，也不说此地已有三千年的城市史，更不说春秋战国时燕国在此建都（称蓟）、西汉末年王莽在此立大燕国（别名燕京），咱们还是从公元1153年金中都建成，海陵王下诏迁都，北京正式成为"号令天下"的国都说起。从那时到现在为止，除掉明代初年及公元1927—1949年国民政府定都南京，把北京改为北平，其他时间，北京都是国都。既然很长时间里，北京是国都（帝京、首都），各方面的人才都会跑来，政治家、商人、文学家，全都来了，不见得在这里定居，但总得来走走、看看。这样，就必定留下一大批关于北京的文字资料，包括诗文、小说、戏曲等文学作品。同学们有没有想过，许地山的父亲许南英，当年高中进士，他从台南到北京赶考，一路上怎么走过来的、随身携带什么物品、中间碰到多少艰难险阻？这些细节，其实很有趣的，对于学文史的人来说，这些都是必不可少的历史记忆。像这一类的问题，都留在骚人墨客的诗文里。

这就是我所关心的"文学的北京"。从金代开始，历经元、明、清、民国，一直到今天，八百五十年历史的国都，该有多少激动人心的故事及人物，残留在文人的"记忆"以及文学作品里。诸位念中国文学，讲到元杂剧，老师肯定会告诉你们：关汉卿，元大都人。元大都，也就是今天的北京。可除此之外，我们无法找到更多有关关汉卿与北京城的直接联系。明清以后就大不一样了，很多文人用生花妙笔，记载、描绘、表现北京这么一座了不起的都城。这一类的文字资料很多，是后人想象北京的重要依据。

在我看来，一座都城，有各种各样的面相。有用刀剑建立起来的，那是政治的北京；有用金钱铸造起来的，那是经济的北京；有用砖木堆砌而成的，那是建筑的北京；有用色彩涂抹而成的，那是绘画的北京；有用文字累积起来的，那是文学的北京——这个经由史家的学识与文人的激情，用文字塑造出来的北京城，最容易感知，也最好触摸，我们今天，就准备从这里进入。

这学期，我在北大开了一门课，就叫"现代都市与现代文学"，每周带着研究生一起阅读、讨论下面这九本有关城市的书：理查德·利罕的《文学中的城市：知识与文化的历史》、李欧梵的《上海摩登》、赵园的《北京：城与人》、谢和耐的《蒙元入侵前夜的中国日常生活》、陈学霖的《刘伯温与哪吒城——北京建城的传说》、施坚雅的《中华晚期帝国的城市》、卡尔·休斯克的《世纪末的维也纳》、本雅明的《发达资本主义时代的抒情诗人》，以及石田干之助的《长安之春》。选书的标准，除了学术质量，还希望兼及思路与方法、文学与历史、中国与外国、古代与现代等。学生们对《世纪末的维也纳》和《发达资本主义时代的抒情诗人》两本书尤其感兴趣，那种游手好闲的姿态，那种观察品味城市的能力，那种将城市的历史和文本的历史搅和在一起的阅读策略，都让他们很开心。同样道理，阅读北京，理解这座城市的七情六欲、喜怒哀乐，也要兼及历史与文学。

在座的诸位同学，也许你们读过像《狄更斯与伦敦》

《雨果与巴黎》《卡夫卡与布拉格》《乔伊斯与都柏林》这样的著述，再塞给你一本《老舍与北京》，也没什么了不起。今天我讲的，不是某某作家的都市体验，而是希望借助若干篇散文，呈现北京作为一座城市的形象与气质。而且，不想选择那些独一无二的景观，比如故宫、天坛、长城、颐和园等，而是谈谈每一个到过北京或准备前去旅游的人都必须面对的，那就是北京的春夏秋冬。

大家可不要误会，以为我是北京市旅游局派来拉客的，光拣好听的说。记得有人说过，某些城市只能接受好话，受不了委屈，而北京，已经超越了这个阶段，你说好说坏，它都无所谓。甚至，最喜欢说这座城市坏话的，很可能正是北京人。一边嘲笑，一边乐滋滋地生活在这座被自己骂得一塌糊涂的城市。有一回跟作家莫言聊天，他用说相声的口吻，转述一个段子：人大、政协开会，外地代表纷纷表示要为首都做贡献。山东代表说，为解决春天风沙大的问题，准备建一个塑料大棚，把北京市统统罩起来；山西代表说，为解决到美国签证难的问题，准备在北京挖一条直通华盛顿的地道；最绝的是河南的代表，说是为一劳永逸地解决北京市的环境卫生问题，准备为每一只蚊子戴上口罩，为每一只老鼠配上安全套。我一听马上说，这笑话，准是北京人编的。北京人就是这样，对政府有意见，不直接骂，绕着弯子说，很刻毒，可又有幽默感，让你哭笑不得。

下面这几篇文章，偶有几句怪话，但总的基调是怀念，所以很温馨的。需要说明的是，周作人的文章是在北京写的，其他三位，郁达夫、张恨水、邓云乡，都是人在异乡，"怀想北平"。这你就不难理解，周文的调子为什么跟其他三位不一样。对于眼前的生活不乏批评，对于过去的时光多有依恋，这是人之常情。好吧，闲话休提，让我们赶紧进入北京的四季，在欣赏这些美文的同时，希望能带出一些有趣的问题。

一、关于《北平的春天》

我准备讨论的第一篇文章，是周作人的《北平的春天》。周作人，1885 年出生，1967 年去世，笔名知堂、岂明等，浙江绍兴人，"五四"时期以《人的文学》《平民文学》等论文，以及众多兼及知识与趣味的小品著称于世，可说是五四新文学的主将之一。周氏早年文名极盛，抗战中落水，1946年在南京老虎桥监狱被国民政府判处十年徒刑，1949 年 1 月保释出狱，8 月重归北京，晚年以译述日本及古希腊作品为生。读他撰于 1944 年的《我的杂学》，听他谈对于古文、小说、外语、希腊神话、文化人类学、生物学、儿童文学、性心理、医学史、乡土民艺、浮世绘、玩具、佛经等的兴趣，你肯定会惊讶其博学。因此，当他说自己别无所长，只不过是"国文粗通，常识略具"时，你就知道这个标准之高。反过来，在他眼中，国人的最大毛病，很可能就是缺乏"常识"、不通"国文"。

先说"国文"。"五四"刚过,周作人就开始自我调整,不欣赏胡适"明白如水"的白话,而是希望"混合散文的朴实与骈文的华美",并杂糅口语、欧化语、古文、方言等,以造成"有雅致的俗语文来"。至于作为"常识"的知、情、意,周作人承认前两者受古希腊及日本的影响,后者则是基于自家的中国立场。但有一点,从1922年撰《自己的园地》起,周就对各种各样的"大名义"不感兴趣,并自觉保持距离;至于1924年《喝茶》一文所表达的忙里偷闲、苦中作乐、在刹那间体会永久、于粗茶淡饭中品味人生,更是成为日后周的生活信条。关于他的政治立场,学界有各种看法;但对于他在现代中国散文史上的地位,基本上没有异议。要说20世纪中国散文,成绩最大的,很可能还是周氏兄弟。像同样名气很大的林语堂、梁实秋等,单就散文而言,在我看来,都不能跟二周比。

谈论周作人的《北平的春天》,我想转个弯,从此前的两篇周文说起。先说写于1924年的《故乡的野菜》。这里的关键是"故乡"——周本南人,但长期生活在北京。中年以后,周作人不断在文章中追忆故乡浙江绍兴的风土人情;但同时,他又喜欢谈论自己目前生活的北京。在《故乡的野菜》里,有这么一段话:"我的故乡不止一个,凡我住过的地方都是故乡。……我在浙东住过十几年,南京东京都住过六年,这都是我的故乡;现在住在北京,于是北京就成了我的家乡了。"对于周作人来说，绍兴是出生地，南京、东京是念书的地方，至于真正登上历史舞台，则是在北京。此后，作为长期生活在"北地"的"南人"，周作人既以怀旧的笔调谈论绍兴，也以"南方"作为标尺，衡量眼下居住的这座北方城市。

我关注周作人的这个说法：住久了，就是故乡。因为，在现代社会，籍贯变得越来越不重要，重要的是居住地。换句话说，"在地"的思考、"在地"的情感，以及"在地"的知识，对现代人来说，变得比很可能从未到过的原籍要重要得多。以前做文学史、文化史研究，经常谈论宋代或明、清的进士分布，借以考察一个地区的文化及教育水平。而且，各种诗派、文派的成立，也喜欢以地望命名。但在现代社会，这行不通。即便你在原籍出生、长大，可中学毕业后，你到外面上大学，甚至到国外留学，转益多师，我们很难再用"地方文化"来描述你、阐释你。我再引申一下周作人的观点：对于你长时间居住的城市，你应该对它感兴趣，关注它的风土人情、历史记忆、文学想象，不单是趣味，也是责任。正是在这个意义上，我这"南人"，在北京生活了二十年，也开始有了谈论这位"老朋友"的兴致。

周作人有一篇谈北京的文章，叫作《北京的茶食》，说的是："住在古老的京城里吃不到包含历史的精炼的或颓废的点心，是一个很大的缺陷。北京的朋友们，能够告诉我两三家做得上好点心的饽饽铺么？"到哪里去找精致的点心，这样的问题，也值得写成文章？可周作人不觉得这是小题大做，因为，他厌恶"二十世纪的中国货色"，感叹代表"风流享乐"传统的众多食品消失了，取而代之的是各种粗糙恶俗的模仿品。这令他痛心疾首。这篇文章写于1929年，那年头，左翼文人正在提倡"血与火"的革命文学，而周作人却在满北京城找好吃的点心；因为吃不到，还写文章诉苦，这不挨骂才怪。周氏谈论点心之好不好吃，还讲究什么"精炼的或颓废的"，如此渲染安闲且丰腴的生活，跟当时上海的革命文学家相比较，真是天差地别。此文之所以引起反感，可想而知。但周作人有自己的解释："我们于日用必需的东西以外，必须还有一点无用的游戏与享乐，生活才觉得有意思。"近代以来的生活，过于讲求功利和实用，做每件事，都事先计算好，希望能有看得见摸得着的实际效果，这样急功近利，没有意思。无用的东西，比如游戏，对于生活来说，其实很有意义。举例来说，我们看夕阳、观秋荷、听雨、闻香、喝不求解渴的酒、吃不求饱的点心，都是生活上必需的。你能因为它不影响"温饱"，就否定观赏落日的意义？之所以谈点心时，要点出"历史的""精炼的""颓废的"三个修饰语，就因为它有关文化、审美、心情，故不可忽略。

这种追求"精致"的生活趣味，是有明显的针对性的。第一，晚清以来，我们相信"科学"，追求"进步"，崇尚"西洋文明"，对于自家原先某些精致、悠闲的生活方式，弃之如敝屣，这种态度，在周看来，并不可取；第二，左翼作家对革命文学的提倡，对颓废文艺的批判，以及将政治与文学捆绑在一起的功利性，周作人很不欣赏；第三，更值得我们关注的是，在整个论述的过程中，周作人始终把"文化精神"和"生活趣味"扭结在一起。一般人会认为，日常生活里的东西，比如点心，没什么了不起；可周作人却从点心的粗糙看出文化的粗糙、灵魂的粗糙。必须承认，这跟日本文化中对"精致"的追求，有直接的关系。

可这种趣味，弄不好，就滑落成今天的"小资"了。"小资"就是"小资产阶级"，现在大陆很流行的词。说你这个人挺"小资"的，就是说，虽然不是很有钱，但生活还过得去，讲求品位，了解时尚，读一点文学，听一点音乐，喜欢名牌，还不时表现一下自己的"不同流俗"。真高雅的，不是"小资"；有钱没文化的，也不算"小资"。"小资"的必修课，包括张爱玲、村上春树、昆德拉、王家卫、伊朗电影、小剧场艺术等。"小资"喜欢炫耀自己"有情调"，批评别人"没品位"。这是现在的状态，半个多世纪前呢？

那时左翼文学蓬勃兴起，"精致"的生活趣味受到严重压制。人家都在关心国家大事，流血流汗，你还在谈什么点心好不好吃，不觉得害羞？在这种气氛下，周作人等京派文人的姿态，不被青年学生看好——不只是批评，简直是蔑视。这种对于"闲适"的批判，自有其合理性，但未免过于功利了些。当然，这跟年龄也有一定的关系。记得林语堂说过：人的一生，就好像过马路，先看看左，过了中线以后，再看看右。三十岁以前不激烈，没出息；五十岁后还激烈，这人也挺可怕的。30 年代的周作人、林语堂、梁实秋等，大致都过了热血沸腾的年龄，其鄙薄文化上的功利主义、追求精致的生活趣味，不能说一无是处。当年很多青年人看不起周作人等，觉得他们只顾自己安逸的生活，精神萎靡，格局太小。可过了几十年，我们明白宏大叙事与私人叙事之间的缝隙，了解政治与审美的距离，也明白崇高与幽雅是两种不同的生命境界，学界对于激进而粗粝的革命想象，开始有了几分认真的反省；同时，对于周作人之强调文化上的精致，也有了几分同情之理解。

好，话说回来，介绍前面这两篇文章，是为主角的登场做铺垫。记得两点：第一，这城，居住久了，就是家乡，就值得我眷恋；第二，文化精神跟日常生活趣味，完全可以联结在一起，口腹之欲，有时候能上升到精神层面。有了这两个观念，接下来，就该进入《北平的春天》了。

周作人的文章很有特点，用他自己的话说，就是"涩"，真的很像苦茶，不抢口，有余甘，能回味，经得起咀嚼。必须是有文化、有阅历的人，才能接受、才能欣赏。有人的文章，是写给中年人的，比如周作人；有的文章，是写给少年人的，比如徐志摩。喜欢徐志摩的读者，很可能不欣赏周作人；反过来也一样。这涉及写作者的趣味、心态，还有文章的结构、语言以及表达方式。题目《北平的春天》，一开篇却是："北平的春天似乎已经开始了，虽然我还不太觉得。"你看，曲里拐弯，别别扭扭的，就是不让你读得顺畅。文章的结尾又是："北平虽几乎没有春天，我并无什么不满意，盖吾以冬读代春游之乐久矣。"这样的正题反作，故意违背常规，以春游始，以冬读结，阻断你的习惯思路，引起阅读兴趣。写文章最怕轻车熟路，你刚开口说第一句，读者就猜到你下面会说什么。周作人的文章相反，有时候用典，有时候插入大段古文，有时候东拉西扯，有时候跳跃前进，总之，就是不让你感觉"滑"，非要你停下来琢磨琢磨不可。

文章开头说，北平的春天开始了，可春天并非一种概念的美，而应该是一种官能的美，能够直接用手、脚、鼻子、眼睛来领略的，那才是真正的春天。根据少年时代在绍兴扫墓的经验，所谓"游春"，必须跟花木、河水有直接的联系。春天到了，花草树木，或吐芽，或着花，一切都是生机勃勃的，再加上那一汪清水，还有"春江水暖鸭先知"，春天的感觉这才真正体现出来。可北平呢，北平的春天在哪儿？周作人说，虽然在这座城市生活了二十多年，对于"春游"没有任何经验。妙峰山很热闹，但没去过；清明郊游应该有意思吧，也没去过。为什么？就因为北平是一座内陆城市，旁边没有大江大河；而缺少了水气，不仅"使春光减了成色"，更使得整座城市缺乏某种灵气与风情。

老北大在城里，地名叫北沙滩，就在故宫旁边。那里现在还有个地名，叫"北河沿"，当年是一条小水沟。北大著名教授刘半农专门写了篇文章，题目挺吓人的，叫《北大河》。文章大意是说，全世界著名的大学，要不拥有湖泊，要不临近江河——有水为伴，大学方才有灵气，在这里读书，才会充满灵感。他老兄是在巴黎留学的，肯定想起了塞纳河边读书的美好时光。北大周围没有江河，实在可惜，刘教授灵机一动，就把这条小水沟命名为"北大河"。可后来城市发展，修马路，连这条小水沟都被填平了。诸位有兴趣的话，到北京时，看看那叫"北河沿"的，现在是如何的车水马龙。幸亏1952年后，北大搬到原燕京大学的校址，也就是现在的燕园。那里倒是有个湖，很大的湖，钱穆给起的名字，叫"未名湖"。未名湖是北大最大的风景，也是学生们的爱情圣地。在国外，经常听人家说，你们的校长来访问，讲话很幽默嘛，一上来就是：我们北大没什么，"一塌糊涂"。大家都很惊讶，校长于是慢慢抖开包袱：北大风景最好的，一是未名湖，二是博雅塔，三是刚扩建的图书馆。合起来，不就是"一塔湖图"吗？这个"幽默"使用频率太高，越来越不好笑了。但我承认，这三个景点，尤其是未名湖那一汪清水，对北大来说，太重要了。

无论是一所大学，还是一座城市，有足够的水，对于生活与审美，都至关重要。北京没那么多的水，因此，北京的春天，显得不够腴润，也缺乏灵气，来也匆匆，去也匆匆，似乎没有真正存在过。很多人都谈到，北京的春天太短暂，冬天刚刚过去，夏天马上就要来了，稍不留意，慌里慌张的春天，就从你的手指缝里溜走了。北京的春天若有若无，似乎不曾独立存在过，不像南方的春天，可以让你从容欣赏，周作人对这一点颇有怨言。

我的感觉跟周作人不一样：正因为北京的春天难得，稍纵即逝，所以北京人才会格外珍惜，才要大张旗鼓地"游春"。我在南方长大，那么多年了，就是没有感觉到"春游"的必要性。人家都夸你的家乡"四季如春"，开始我也很高兴；可到北方生活一段时间后，我才知道"四季如春"不是好词。一年四季，除了凉一点，热一点，没有什么变化，这不是什么好事。第一次见到北京从冬天到春天的转变，对我这样一个南方人来说，真的用得上"惊心动魄"四个字。记得那是阳历三月初，天还很冷，我裹了一件借来的军大衣，在大街上走，还很不自在的。就在我寄居北京的那半个多月，眼看着湖面上的薄冰一块块地融解，光秃秃的柳树一点点地吐芽，这种生命从无到有的感觉，真让人感动。我这才明白，古人为什么一定要游春，那是对于大自然的感恩，对于生命的礼赞！这种从冬眠状态中苏醒过来的感觉，在南方，可能也有，但不太明显。

周作人慨叹北京的水气太少，春天来得太慌张了，这点我承认。不过，所谓北京的春天"太慌张一点了，又欠腴润一点"，似乎还另有所指。20世纪的中国人，在危机中崛起，很急迫地往前赶路，确实是走得"太慌张了"，缺少一种神定气闲、天马行空的精神状态。因此，整个文化艺术显得有点"急就章",不够厚实,也不够腴润。所谓的文化积累,需要金钱,需要时间,更需要良好的心境。当然,我这样的解读方式,显然关注的是周作人的整个文脉。

从周氏一贯的主张及趣味看,"慌张""腴润"云云,确实可引申开去。但你不能简单对应,硬说这里的"春天"象征着"文化精神"什么的;要是那样的话,"冬天"怎么办?就像周作人说的,北平的冬天不苦寒,屋里烧着暖气,手不会冻僵,神清气爽,特别适合于读书写作,这不也挺好?这就必须回到周氏文章的特色:基本上是个人化的表述,拒绝成为公共话语,你说他文章有没有寓意,有,但点到即止,若隐若现,只能心领神会,不好过分坐实。

二、关于《故都的秋》

说过北京的"春",该轮到"秋"了。这是北京最美的两个季节。关于北京的秋天,我选择的是郁达夫的文章,题目叫《故都的秋》。

郁达夫,1896 年出生,1945 年去世,早年留学日本,1921 年出版小说集《沉沦》,是早期新文学最值得称道的作品之一,也是"五四"那一代年轻人重要的启蒙读物,其自叙传的小说体式、病态的美以及感伤情调,让当时刚刚觉醒的青年学生很受震撼。到了 30 年代,郁达夫的文风大变,或者像小说《迟桂花》那样,赞美天然的、健全的、率真的女性；或者转而撰写山水游记以及旧体诗词。郁达夫可以说是新文学家中旧体诗写得最好的，当然还有鲁迅、聂绀弩等。抗战爆发，郁达夫先是在新加坡为《星洲日报》等编副刊，1942年撤到印度尼西亚的苏门答腊，化名赵廉，在当地一家酒厂工作。有一次，日本宪兵欺负人，郁挺身而出，用日语跟人家交涉，这下子暴露了身份。宪兵队长知道他非同寻常，大概也很快就摸清了他的底细，但不动声色，继续跟他打交道，还跟他称兄道弟的。可日本一宣布投降，宪兵就把郁达夫杀了，因为他知道的事情太多了。

郁达夫早年在北平生活，1933年起移居杭州，第二年，也就是1934年，短暂回京时，写下了这篇赞美诗般的《故都的秋》。过了两年，又写了篇《北平的四季》，更是一唱三叹："五六百年来文化所聚萃的北平，一年四季无一月不好的北平，我在遥忆，我也在深祝，祝她的平安进展，永久地为我们黄帝子孙所保有的旧都城！"请注意，是"遥忆"，距离产生美感，这才有了"一年四季无一月不好"的赞叹。

要说气候宜人，北京最好的季节是秋天，但既然选择了"北平的四季"，就看郁达夫怎么说了。和周作人一样，郁达夫也感慨北平的春天来得太匆忙了，还不如冬天可爱。因为，那最能显示"北方生活的伟大幽闲"。什么叫"北方生活的伟大幽闲"？寒冬腊月，屋外北风呼啸，屋里因为有火炉，故温暖如春。既然外面走动不方便，那就在家中读书写作，遥思往事，或者跟朋友们说闲话、聊大天。大雪初晴，你也可以出去走走，你会觉得，天地为之一宽、精神为之一爽。要是骑驴访友，那就更有意思了。文章中有这么一段："我曾于这一种大雪时晴的傍晚，和几位朋友，跨上跛驴，出西直门上骆驼庄去过过一夜。北平郊外的一片大雪地，无数枯树林，以及西山隐隐现现的不少白峰头，和时时吹来的几阵雪样的西北风，所给与人的印象，实在是深刻，伟大，神秘到了不可以言语来形容。"

说过北平冬天伟大的幽闲，以及快雪时晴的惬意，该轮到春夏连成一片的"新绿"了。照郁达夫的说法，这是一个"只见树木不见屋顶的绿色的都会"，你站在景山往下看，只见如洪水般的新绿。那是因为，北平的四合院本就低矮，院子里又往往种有枣树、柿子树、槐树什么的，到了春夏，可不让整座城市都笼罩在绿荫中，看不见屋顶了吗？据说在30年代，还都是这样，除了红墙黄瓦的皇宫，其他全都被绿树所掩盖。皇宫不像民居，不能随便种树，有礼仪、审美的因素，但也不无安全的考虑。北平的四合院里，有真树，有假山，大缸里还养着金鱼和小荷，整个把大自然搬回了家。

但这是以前的北京，现在可不一样，四合院以及"同洪水似的新绿"，正迅速消退。现在北京正在进行大规模的城市改造，许多四合院因此而消失，这是文化人感到痛心疾首的。1949年，改朝换代，解放军入城时，古城基本上是完整的，没有受到战火的破坏。站在历史及文化的角度，几十年战乱，古城能保留下来，是个奇迹，也是一大幸事。可进入

50年代，国家为了追求工业化与现代化，拒绝了梁思成等保存古城的合理主张，先扩街道，后拆城墙，老北京的容貌于是大为改观。80年代以后，北京立意成为国际性大都市，政府与房地产商通力合作，把一片片四合院夷为平地，盖起了很多现代化的高楼大厦。政府得意于城市建设发展速度之快，我们却忧心北京变得面目全非。在文物保护方面，政府也做了不少事，比如修复元大都遗址，还有挂牌保护一些有代表性的四合院。可城市的机能在改变，活着的传统在消亡，即便留下若干孤零零的建筑，意思也不大。这方面，政府和民间有很长时间的争论，最近总算出台了一个法规，在文物及四合院保护方面，以后情况可能会有好转。其实，台北也有这个问题，我去年在这儿讲学，拿着老地图访古，也是面目全非。好不容易找到了一个老城门，又挤在高速公路旁边，看着直让人难受。

一个城市的历史记忆，随着现代化进程的加速，在很多地方，都将迅速失落。为了补救，一方面，我们会集合各种力量，尽力保护北京的四合院；另一方面，我想提倡"北京学"的研究。原本希望退休了以后，作为一种业余爱好；但这两年我改变了主意，开始带着学生摸索着做。理由很简单，北京的变化太快了，十年、二十年之后，北京不知变成什么样子。那时候的学生，想做北京研究，想了解老北京的模样，必须到博物馆里去看。今天，我们在城市里，还能够见得着各种老北京残留的面影，还能摸得着石墩、看得见牌楼、进得去四合院，再过几十年，你很可能只能到博物馆里去找了。所以，我要求学生们，除了上课以外，培养一种业余兴趣，带上相机，大街小巷随便游荡，即使将来不专门做北京研究，也都保留一点对于这座正在迅速转型的都城的感觉和印象。这种感觉和印象，以后要读很多很多书才能获得的。

秋高气爽，无论哪里，大概都是一年中最好的季节，北平尤其如此。郁达夫想说的是，"北国的秋，却特别地来得清，来得静，来得悲凉"，比南方的秋天可爱多了。诗人气质的作者，在文章的结尾，甚至用夸张的笔调称："秋天，这北国的秋天，若留得住的话，我愿把寿命的三分之二折去，换得一个三分之一的零头。"前面都很好，就这两句，我不喜欢，感觉上有点"滥情"。虽然我们都知道，郁达夫人很好，襟怀坦荡，可"为赋新诗强说愁"，此乃文人通病。

为什么说北平的秋天特别高、远、清、静呢？那时留欧归来的学生常说，走遍全世界，天最蓝、空气最好的，当数北京。那是因为当时北京的工业不发达，加上城里树多，空气污染少。现在可不敢这么说了，前些年的沙尘暴，把北京人折腾得死去活来。今年不知是天意，还是前些年的努力，基本上没有沙尘暴，希望以后能保持这个态势。这几年，在治理空气污染方面，政府是做了不少事，比如，以前北京居民冬天烧煤，现在改用天然气；四环路以内的工厂，全部拆迁出去；还有提高汽车尾气的排放标准等。这些事情，都在做，但我不知道，什么时候北京才能找回二三十年代作家所激赏的那种湛蓝湛蓝的天空。不过，且慢，郁达夫最为倾心的，其实不是蓝天白云，而是北京秋天所特有的那种悲凉、落寞乃至颓废的感觉。在一篇题为《北国的微音》的短文中，郁达夫把"凄切的孤单"作为"我们人类从生到死味觉到的唯一的一道实味"。对这种凄冷趣味的偏好，是郁达夫所有作品共同的精神印记。

文章说，不逢北国之秋，已十余年了。在南方，每到秋天的时候，"总要想起陶然亭的芦花，钓鱼台的柳影，西山的虫唱，玉泉的夜月，潭柘寺的钟声"。这是老北京的可爱之处，即使你足不出户，藏匿于皇城的人海之中，租人家一椽破屋来居住，都能够听得见远处青天下驯鸽子的飞哨、看得到身边那很高很高的天空，这种感觉好极了。让郁达夫感慨不已的，是北京的槐树。槐树有两种，一是刺槐，一是洋槐。洋槐移植到北京，大概只有一百多年的历史，它是树叶子绿时开花，成球地开着，大概是在五月；刺槐则是七月开花，一串串的像紫藤，不过是白色的。那像花又不是花的落蕊，铺满一地，踏上去有一点极细微极柔软的触觉，这场景，显得如此幽闲与落寞。还有那秋风秋雨，以及秋蝉衰弱的残声，在诗人看来，颇有几分颓废的色彩，更是耐人寻味。

这座千年古都，整个城里长满树，屋子又矮，无论你走到哪里，都是只见树木、只闻虫鸣，跟生活在乡野没有大的区别。中国的传统文人，喜欢居住在城市，怀想着乡村，既有丰富的物质及文化生活，又有山水田园的恬静与幽闲。这种"文人趣味"，在二三十年代的作家中还很普遍。今天台北的年轻人，特别能欣赏蓬勃向上的现代都市上海；但二三十年代的中国，还处在一个从乡土社会向都市社会转变的过程，人们普遍对过于紧张的生活节奏、过于强大的精神压力，以及相对狭小的居住空间，很不适应。假如你喜欢的是空旷、自由、悠闲的生活，那么，北平将成为首选。那个时候的很多文人，都说到了上海之后，才特别感觉到北京的可爱。当然，今天就不会这么说了。我想，北京的都市化程度不及上海，有政治决策，有金钱制约，但不排除北京人——尤其是文人，对过分的都市化始终怀有几分恐惧，乃至不无抗拒心理。

另外，北京的"乡村"特色，与其建筑上的四合院布局有关。刚才说了，四合院的最大特点，就是把山水、自然纳入自家院内。就像郁达夫说的，秋天来了，四合院里的果树，是一大奇观。我相信，很多到过北京的人，都对四合院里的枣子树和柿子树印象极深。还记得鲁迅那篇《秋夜》吗？"在我的后园，可以看见墙外有两株树，一株是枣树，还有一株也是枣树。"秋冬之际，叶子落尽，光秃秃的枝头，点缀着红艳艳的枣子或柿子，真漂亮。四合院灰色的围墙，屋顶上随风摇曳的茅草，偶尔掠过的鸣鸽，再衬以高挑在天际的红柿子，视觉效果上，会让很多人过目不忘。

毕竟是文人，说到秋天，怎么能落下欧阳修的《秋声赋》与苏东坡的《赤壁赋》呢？再说，南国之秋也自有它特异的地方，比如扬州廿四桥的明月、杭州钱塘江的秋潮、普陀山的凉雾、荔枝湾的残荷，等等，这些秋天也都是美不胜收。不过，郁达夫还是认定，在所有美好的秋天里，北京的秋天，或者说北方的秋天，最值得怀念。因为，它把秋天特有的那种凄清与艳丽合而为一的况味，表现得淋漓尽致。

三、《北平的五月》与《未名湖冰》

谈过"北平之春"与"故都之秋"，剩下来的，关于北京的夏天与冬天，留给小说家张恨水以及学者邓云乡。

张恨水，1895 年出生，1967 年去世，是现代中国最负盛名的通俗小说家。在 20 世纪中国小说史上，有两位通俗小说的大家，必须给予认真看待，一是活跃在三四十年代的张恨水，一是活跃在六七十年代的金庸。这两位先生，或以都市言情取胜，或以武侠小说名家，都是大才子。张恨水一辈子写了六十多部长篇，其中尤以《春明外史》《金粉世家》《啼笑因缘》《八十一梦》等最为人称道。像《金粉世家》《啼笑因缘》，当年在报纸上连载，很受读者追捧，结集成书，发行量更是远超新文学家的著作。50 年代以后，张因被划归鸳鸯蝴蝶派，文学史家不大谈他，或评价很低，以至几乎被人遗忘。近年来，张恨水的小说重新得到学界的普遍关注，又被改编成电视连续剧，热起来了。这里不谈他的文学史地位，只是关心其模仿《红楼梦》等，讲述京城里豪门贵族的家庭恩怨，将言情与都市交织在一起，构成其小说的最大看点。因此，在张恨水的小说里，有大量关于北京日常生活场景的精细描写。

这是一个窍门，假如你想了解某地的风土人情，先锋派作家不行，反而是通俗小说家更合适些。前者关注叙述技巧，表现人物内心深处的挣扎，对当下社会的日常生活不太在意；后者着重讲故事，需要很多此时此地日常生活的细节，以便构拟一个具有真实感的小说世界。所以，单就小说而言，我们可以说张恨水之于北京，有很深的渊源（老舍也是这样）；但我们很难说鲁迅之于绍兴也是这样。实验性太强的小说家，或者说关注人的灵魂的小说家，跟某个特定历史时空的关联度反而小。因此，假如从历史文化的角度、从城市生活的角度，通俗小说家很可能提供了更多精彩的细节。就像张恨水，他对当年北平的日常生活，是非常留意的。30 年代中期，马芷庠编了一本《北平旅游指南》，专门请张恨水审定。对于我们进入历史，这册"指南"提供了很多信息，除了名胜景点，小至火车票的价格，大至各家妓院的位置，甚至各大学的历史渊源、办学特色等，对于当年的游客以及今天的专家来说，都是很有用的。这是一本很有文化品位的旅游指南，当作一般文化读物欣赏，也都可以。

张恨水，这位对北平历史文化及现实生活有特殊兴趣的文人，1948 年写了一篇散文，叫《五月的北平》。文章开篇第一句话，就是："能够代表东方建筑美的城市，在世界上，除了北平，恐怕难找第二处了。"东方建筑的美感，体现在城墙、四合院，也落实在皇宫、佛殿。可张恨水更关心的，还是北平普通人家的日常生活。当然又是四合院了，不过，比郁达夫的文章更感性，有很多细微的观察。五月，正是绿荫满地的季节，于是文章极力渲染枣花、槐花等，如何"把满院子都浸润在幽静淡雅的境界"。大概受风土志的影响，作者老怕落下什么，于是面面俱到，反而分散了笔墨。就拿这无所不在的槐树来说吧：在东西长安街，配上故宫的黄瓦红墙，"简直就是一幅彩画"；在古老的胡同中，映带着平正的土路，"让人觉得其意幽深"；在古庙门口，把低矮的小庙整个罩在绿荫中，"那情调是肃穆典雅的"；还有那广场两边的、大马路上的……这样平面且静止的叙述，艺术感染力有限；不过，假如意识到作者对"旅行指南"的兴趣，这样的笔调不难理解。

文章以北平五月的翠绿、幽深以及淡淡的花香，还有蜜饯、玫瑰糕、卖芍药花的平头车子等，营造出这么一种印象：北平是全世界最悠闲、最舒适的城市。可那是盛平年代的记忆，现在，北平正面临着毁灭的危险。这让作者转而忆起了《阿房宫赋》，我们能否逃过这一劫难？"好一座富于东方美的大城市呀，他整个儿在战栗！"文章写于1948年，那正是围城之际。国共两军，假如真的在北平内外展开大规模战役，这么一座古城，很可能毁于一旦。好在这预言落空了。

最后，我想谈谈邓云乡的《未名湖冰》。讲周作人、郁

达夫、张恨水，估计大部分同学多少总有些了解；至于 1924
年出生、1999 年去世的邓云乡，可能听都没听说过。这不奇
怪，因为他不是作家，是个学者。这位邓先生，虽说是山西
人，但祖上就寄籍北京了，1947 年毕业于北京大学中文系，
1956 年后在上海电力学院教书。人在上海，但从小在北京
长大，对这座城市十分熟悉，且充满感情。因此，邓先生写
了好多关于北京的书，像《北京的风土》《红楼风俗谭》《北
京四合院》《增补燕京乡土记》，以及《文化古城旧事》等。
《文化古城旧事》是他晚年写的一本书，中华书局 1995 年出
版，文章很好，但校对不精，错字不少。所谓"文化古城"，
是指 1927 年国民政府迁都南京以后，北京由原先的"国都"
变成了"文化城"，对此地民众的生计以及读书人的精神状
态，都产生了很大影响。这篇谈论北京冬天的《未名湖冰》，
就选自此书。

关于北方的冬天，念文史的朋友，很可能会想到"九九
消寒图"。梁宗懔的《荆楚岁时记》里，有"从冬至次日数
起，至九九八十一日为寒尽"的说法，以后历代的风土志
书，也都有关于九九习俗或"九九歌"的记载。至于"九九
消寒图"，明清两代存在于北京的皇城，后流传到民间。怎
么"消寒"？立冬时画一枝梅花，上有九九八十一瓣，每天
起来，用彩笔染一瓣，等到九九八十一天过去，原先的素梅
变得鲜艳瑰丽，这时候，漫长的冬天也就过去了。这么一种
记载节气变化的风雅游戏，在《帝京景物略》等书里有详尽

的介绍。

北京冬天的另一种游戏，那就是滑冰。据说，滑冰在清代就很盛行，不过，那是在皇宫中，表演给皇上看的。晚清以后，才开始引入西式的滑冰工具与技艺。从表演给皇上看的特殊技艺，变成一种自娱自乐的体育活动，这方面，大学发挥了很大作用。所谓"寒光刀影未名湖，北海稷园总不如"，是夸过去燕大、现在北大里的那个未名湖，是京城里溜冰的最佳场所。下场的精神抖擞，观看的也其乐无穷——直到今天，还是如此。不信，诸位冬天抽空，到未名湖边走走。至于溜冰的，校内校外、男生女生都有，但印象中，教师参加的少，这毕竟是一项主要属于年轻人的体育与娱乐活动。年纪大了，一不小心摔断了腿，不值得。像我，每年都在岸边观赏，仅此而已。念书时也曾下过场，但坐在冰上的时间，远比站着的时间多，第二天就高挂免战牌，因为感冒了。会滑的人当然很得意，不会滑的，连滚带爬，也蛮有趣的。这是冬天北大校园里最为亮丽的一景，每个毕业生都会津津乐道。

四、文学与时令

北京当然还有很多可说的，我只是挑了四篇文章，让大家欣赏文人笔下的春夏秋冬。这四个人，文化身份及趣味不太一样，张恨水是长篇小说家，郁达夫是短篇小说家，周作人是散文家，邓云乡则是学者。虽说"秦时明月汉时关"，永远的春夏秋冬，但20世纪中国作家用文字所构建起来的"北平的四季"，还是有其局限性的——既没有明清，也不涉及当代，基本上是20年代至40年代北平的日常生活。

　　为什么选择最为常见的"春夏秋冬"，那是因为文学与时令不无联系。不管是"忽如一夜春风来，千树万树梨花开"，还是"夜来风雨声，花落知多少"，这些都属于人类的共同记忆，不会因时间流逝或意识形态转变而失去意义。中国文人很早就意识到这个问题——春夏秋冬有其永恒的意义。北宋时，宋绶编过《岁时杂咏》，共二十卷，收汉魏至隋唐诗千五百首，这书后来散佚了；南宋初年，四川人蒲积中有感于此书未收同样光彩照人的宋诗，于是着意重编，扩充成四十六卷的《古今岁时杂咏》，收诗两千七百余首，按一年四季的节气时令，如元日、立春、寒食、清明等收诗。按《四库全书总目》的说法："古来时令之诗，摘录编类，莫备于此。非惟歌咏之林，亦典故之薮，颇可以资采撷云。"这跟蒲积中《序》中的说法意思相通，可互相补充："非惟一披方册，而四时节序具在目前，抑亦使学士大夫因以观古今骚人，用意工拙，岂小益哉！"

　　至于北京的岁时诗文，北京古籍出版社1994年曾整理出版了北京图书馆所藏乾隆年间佚名编辑的《人海诗区》，共四卷十六门，其中卷四有"岁时"门，先分体（五古、七律等）再依时令排列，有点杂乱。刘侗、于奕正合著的《帝京景物略》，只是卷二"城东内外"中有一门，题为"春场"，在介绍"东直门外五里，为春场"时，顺带描述一年四季的各种习俗，同时引证了若干诗文。北京岁时诗文，最为集中，且最精彩的，还是两本清人的著述，一是清初潘荣陛的《帝京岁时纪胜》，一是清末富察敦崇的《燕京岁时记》。

读此类诗文，就像蒲积中说的，不只希望知道四时节序，更想了解、鉴赏骚人文章。说到文章，擅长不同文体的作家，对时令的感觉与表达，很不一样。另外，还必须考虑时代的差异。作为一个博学且通达人情的散文家，周作人之谈论"北平的春天"，蕴含着自己的文化理想。不只是北京的春天太慌张，北京人的生活也不够优雅、不够腴润。与周作人的话里有话，但点到即止相反，郁达夫非把自己的感觉表达得淋漓尽致不可。郁主要以小说名家，但我以为，他的散文比小说写得好。套用他评苏曼殊的话，浪漫感伤的郁达夫，也是人比文章还可爱。浪漫派文人的共同特点，就是特感伤，表达情绪时不节制，有时候显得过火，就像刚才说的，《故都的秋》最后那段抒情，我就不觉得有必要。

张恨水是一位长篇小说家，他谈都城、讲四季，都带有介绍风土人情以便你进入小说规定情景的味道。刚才说了，通俗小说家比先锋派作家往往更有文化史的眼光，比如同样提及京城里的洋槐，郁达夫只说他如何如何感动，张恨水则告诉你洋槐什么时候传入中国，它与刺槐的区别在哪儿等。最后一篇《未名湖冰》，其实不是美文，是文化史札记，邓云乡的《文化古城旧事》，是一本以随笔体书写的著作。邓不以文采见长，可他趣味广泛，书中旁征博引，介绍了很多相关知识。

假如大家对城市有兴趣，请记得，不能只读诗人、小说家的东西，必须将其与学者的著作参照阅读。前年我在伦敦访学，抽空去了一趟剑桥大学。去之前，找了好些谈剑桥的书看，最后发现，有两个人的东西不能不读。一是徐志摩的《再别康桥》，一是萧乾的《负笈剑桥》。剑桥大学的教授告诉我，华人来此，很大程度是受徐志摩诗的诱惑。那么多人大老远跑到康河边漫步，就因为一首《再别康桥》。可我发现，徐志摩的诗文，包括《我所知道的康桥》，都不适合作为"旅游指南"。因为诗人只顾躺在康河边，望着蓝天白云，驰骋想象。而萧乾不一样，作为著名的小说家、战地记者，又曾经在这儿泡过两三年图书馆，对于这所大学的历史、建制、风景、学术特征等，都能说出个一二三来。因此，虽然是四十年后重返剑桥时写的，《负笈剑桥》这篇长文，给我们提供了很多有用的知识。我想，这大概是通例，诗人、小说家激发你浓厚的兴趣，记者、历史学家给你丰富的知识。诸位以后出门旅行，做功课时，最好同时读两种资料，一是文人写的，一是学者写的。这两者拼合起来，才是一座既有前世今生又充满生活情趣的"文学的城市"。不管你假期准备走访北京、上海、杭州、西安，还是希望游览巴黎、伦敦、纽约、柏林，这个提醒都是必要的。

今天，借着春夏秋冬，我介绍了一座"文学的城市"。再说一句，虽然不是旅游局局长，我还是很希望诸位有空到北京走走，到"一塔湖图"的北大看看。谢谢大家。

五、答听众问

提问一：我想问的是，老师以春夏秋冬作为切入点来谈论北京，而北京是北方的大陆性气候，它四季鲜明，为什么会养成了北京居民或是北京文人对于一种宁静的、缓慢的生活的向往，或者说老是回溯过去？就像周作人明明是要写北京的春天，可他的目光却投向了北京的冬天。相反，上海那种南方城市，四季不分明，却培养出一种骚动、期盼变化的性格。老师怎么解释这种差异？

陈平原：你的问题很有意思。从风土和人情的角度考量，北京四季变化这么大，为何这儿的人反而性格平静；上海四季没多大变化，那里的人反而有一种骚动不安的感觉。其实，这不是气候问题，而是现代社会和前现代社会的区别。比如说，现在的北京，也开始变得骚动不安起来了。若说气候与性情有什么联系，很可能是北京人对于顺乎自然的领会。即生命中应该有节奏与变化，什么时候该静、什么时候该动、什么时候激烈、什么时候悠闲，大有讲究。这一点，跟这座城市四季分明有比较大的关系，也就是说，顺应

自然，春种、秋收、冬藏。至于说性格上的骚动与否，就像
我刚才说的，是跟社会状态与经济活动有关，与气候关系似
乎不是很大。

提问二：请问，老师刚刚提到"文学的北京"，那老师觉
得，"文学的北京"和"现实的北京"，到底有什么异同？

陈平原：文学的北京和现实的北京，当然有很大的区
别。文学家对于城市的表述是情绪性的，单面向的，带有想
象甚至幻想的成分，他／她不负责给这座城市做全面的总结
或鉴定。另外，文学家大都有强烈的个性，其发言，基于自
己的文化立场。比如，同样是30年代，周氏兄弟对于北京
人的"悠闲"，就有截然不同的看法。有人夸北京人特能体
会大自然的节奏和韵律，把忙和闲的关系处理得很好，生活
很有品位；但也有人认为，北京人的悠闲是一种消极的生活
方式，缺乏进取精神。你看曹禺的剧本《北京人》和老舍的
小说《四世同堂》，都有对于北京人生活方式的批判，很严
厉的。对于一座城市，文学家有不同的解读方式，都值得倾
听；合起来，看似互相矛盾，其实这才是真实的、立体的、
多面向的城市。

提问三：你刚刚介绍了很多散文家、小说家还有学者对
北京的感怀，那你自己呢，你对北京这座城市有什么样的情

怀？你是怎么跟北京结缘的？还有，刚刚你提到你跟夏老师是在北京认识的，夏老师是道地的北京人，你跟她对北京的感觉是否有差异？

陈平原：先说我为什么喜欢北京。我是在南方长大的，到北京时，已经二十好几了，喜欢北京，当然是因为它的历史文化氛围。北京的文化底蕴深厚，书多，有很多爱读书的朋友，也有很多值得探究的学术话题。广州人一般不太愿意去北京，因为，那时北京的生活比较艰难。我刚到北京的时候，上市场买淡水鱼，我问：这是活的还是死的？被人家狠狠嘲笑了一通，似乎天底下就没有活鱼卖。可在广州，不只卖活鱼，还要分鱼头、鱼尾，价钱都不一样的。后来，我买鲤鱼，我说要一条公的，那卖鱼的还以为我在羞辱他。可广州人就是这样，鲤鱼公的母的味道不一样，价钱也不一样。我是 1984 年上北京念博士的，那时年轻，主要考虑学术文化，没怎么想生活上的问题。

人家常说北京的冬天很可怕，零下十几摄氏度。其实，那是误会，冬天北京比南方舒服多了。原因是，北京是内陆性气候，干燥，零下十几摄氏度也不可怕。一般情况下，穿一件毛衣，再套一件大衣，围上围巾，这样出门，没问题。进了屋子，有暖气，特舒服。我老家潮州，到了冬天，如果下雨的话，那个阴冷，是从骨头里往外冒，不像北京冷风只在外头打转。我到台北以后，也感觉到了，同样的温度，这里会显得比北京冷，大概是湿度大的缘故。

至于说我和夏晓虹两个人，对于北京的感觉有什么差异。最大的差异是，我是外地人，对于北京的好与不好，感觉比她灵敏。当地人往往不太关注自己熟悉的这座城市，反而是外地人有兴趣，这很奇怪，可也很正常。夏晓虹是在北京出生长大的，她不研究北京；而我一个外地人，反而对北京的前世今生感兴趣。因为，我很想了解这座城市——不是因为夏晓虹的缘故，于是尽量地阅读文献、参观博物馆，到大街小巷转悠，久而久之，我比她还熟悉北京。历史文献不用说，连认路都比她强。这道理很简单，我相信有些从台南来的同学，对台北这座城市的兴趣，在本地人之上。

提问四：在现代化过程中，北京有许多古建筑被拆除，请问老师，你对此有什么感想？另外，文学作品中常出现一些特殊的景点，如琉璃厂、北海公园等，这些在作品中有没有特殊的义涵或情感寄托？

陈平原：不只是北京，所有国家的大城市都面临这个难题。你要发展，就必然涉及城市改造，要做到两全其美，很难。对这个问题，我的心情很矛盾，既希望保存四合院，又必须尊重四合院里的居民改善生活的愿望。如果你在北京生活，你就明白，由于最近几十年产权不明晰，加上人口激增，四合院变成了大杂院。很多人住进去了，院子中间加盖了小房子，变得拥挤不堪，四合院已经不再是幽雅的住所。另外，过去的四合院，没有下水道，没有天然气，冬天必须自己烧煤，生活上诸多不便。这就使得当地居民，不少人喜欢拆迁，给他新房子。四合院是文化遗产，必须保护；四合院里的人，他们的生存权利，我们也应该尊重。现在的问题是，成片拆迁，推倒重来，这当然最省事，可对于历史文化来说，损失太大了。另外一种办法，选择状态比较好的四合院，加装各种现代化设备：上下水、天然气管道，甚至还有地下车库等，可这么一来，原先的居民回不去了。因为价格太贵，远非一般人所能承受。改造好的四合院，变成了有钱人的装饰品。那些在此居住了好几代的居民，眼看着四合院变漂亮了，却没他们的份儿，这种心情，你能理解吗？这样的城市改造，不算成功。如果将来有一天，老北京的居民都住到郊外去了，市中心尽是些各地的新贵以及国外友人，那可就成了大笑话了。不过，很可能真的是这样。将四合院作为古迹保存下来，又改造得适合于现代人居住，所花的费用，远比拆迁后盖新楼贵得多。我想，保护四合院，与保护四合院居民的权益，二者应该相提并论。这是一个很大的挑战。最近，什刹海附近的四合院，据说改造过了，环境也整治好了，很幽雅，可布满了酒吧、咖啡店以及茶馆什么的，变成了旅游景点。这也不是办法，就像上海的新天地，雅得有点俗，我不觉得是成功的范例。

关于第二个问题，确实有很多描写北京的小说、散文，提到了琉璃厂、圆明园、颐和园、景山等，至于到底是有象征意义呢，还是只是一般场景，这要看具体作品，很难一概而论。我的印象中，80年代以后的京味小说，是有刻意经营这些"景点"、将其作为文化符号的意图。但这只是印象，还得再看书，才能回答你这个问题。

提问五：老师你刚才提到了京派文学，一般我们对京派文学的界定，是指20年代到30年代生活在北京的作家的作品。也有些人认为，这定义太狭隘了，应该一直延伸下来。你对于京派文学或京派作家，有没有新的界定或展望？30年代以后，京派文学相较于海派文学，好像不太发展，你怎么看这个问题？

陈平原：其实，"京派"是相对于"海派"而言的。在沈从文挑起京派海派之争前，我们并不把在北京生活的作家命名为"京派"。40年代，虽然有"新京派"的说法，但不太流行。就好像今天谈论海派文学，是否有必要将王安忆带进去，是有争议的。作为一个文学史概念，外延越大，内涵就越模糊。假如凡是在上海生活的作家，都算是"海派"，那"海派"的概念就失去了意义。同样道理，80年代以后，有不少作家专写北京的日常生活以及人情世态，我们不将其称为"京派"，而是叫"京味作家"。京味作家大都怀想老北京，有一种怀旧的调子，使用北京话，体现平民的智慧。

也有一些北京人，说话有点"油"，有点"痞"，这又引出另一个作家，那就是王朔。王朔跟一般所说的"京味作家"不太一样，他写的是新北京，而且是"大院文化"。什么是"大院"，50年代以后，政府机关或部队及其家属居住的地方。有点类似这里的"眷村"。那可是个五官俱全的小社会。大院里长大的孩子，与四合院人家，有着完全不同的文化教养。大院里不讲北京话，讲的是五湖四海的普通话；家长们在机关或部队工作，跟北京的下层百姓基本上是隔绝的。就连对"文化大革命"的感觉，也都不一样，看王朔的《阳光灿烂的日子》，可以明白这一点。这样的作家，虽然居住在北京，跟老北京的历史文化，跟老舍、张恨水、邓友梅等，没有什么关系。既然如此，你何苦硬把他们捏在一起？都是很好的作家，分开来谈，更合适些。

提问六：在你的演讲里面，让我们通过四篇文章，看到这些作者对北京的怀想与感受。我想反过来问，北京这样一座城市，其性格和特质，又怎么影响作家的写作？

陈平原：我今天所说的北京，其实是历史上的北京，大概是公元1900年至20世纪40年代的北京。最近这半个世纪的北京，没在我论述的范围内。假如要谈20世纪下半叶的北京，同样选择春夏秋冬，可能会带出很多意识形态问题。随便举个例子，谈到"金秋十月"，就不仅仅是季节转换的问题，很可能会联想到中华人民共和国的成立。这样的论述，一下子就变得非常意识形态化了。而过去的文人，写文章时没这么多考虑。虽然中国早就有"文以载道"的传统，但将散文和特定时期的意识形态如此紧密地挂钩，还是很少见的。"春"不"春"，"秋"不"秋"，借时令或风景谈政治，表面上寓意深刻，其实是在图解概念。这十几年，情况才有了根本性的变化，但我的阅读量不够，所以没谈"新北京"的风花雪月。

现在许多作家和学者，之所以热衷于谈论老北京，不是因为回避现实问题，而是借凭吊一座即将消逝的古都，讨论城市建设的不同路径。从元明清一直延续到20世纪40年代，八百年间，老北京的建筑格局，变化不是特别大；而现在则是天翻地覆，变化太大了。文物专家会把很多拆下来的零星构件扛进博物馆，至于文学家及史学家，则希望用自己的笔，描述古城留在历史长河中的倒影。这样的文字，大都有比较浓厚的感情色彩。

我来之前，有位新华社记者叫王军的，刚在三联书店出了本《城记》，讲的是50年代以后，作为都城的北京，所经历的风风雨雨。当文化人碰上政治家，其实是有理说不清的。关于北京城市规划以及城墙拆留问题，50年代以来一直有争议，最后还是当官的说了算，学者的意见不被重视。

梁思成建议，把旧城保护起来，不要动它，在北京的西边另建新城，作为国家的行政中心。这一设计方案，当初没被接受，除了国家领导人的工业化想象，以及苏联专家的建议，实际上还有经济能力的问题。我的家乡潮州，80年代以后大发展，城市扩建时，吸取了北京的前车之鉴，在古城之外另建新城。但那是因为我们那里有很多华侨，大家捐钱，这才做得到。很多城市走的还是当年北京城市改造的老路，在发展中破坏，或者借发展之名破坏。这是现代化过程中，一个永远的痛。但不是所有的人都这么看，也有不少人认为，城市建得漂亮，生活舒适，这就行了，什么历史文化，不要也可以。古人的世界，越来越离我们远去，但先人的手泽，一砖一木总关情。温饱问题解决后，这种情感会越来越强烈。

眼下的北京，是一座充满激情与想象、欲望与机遇、危机与悬念、矛盾与困惑的城市，无论是作家还是学者，我们都很难回避。老北京的精神气质，曾经影响了老舍等一大批作家；新北京呢，我不知道，也许还在酝酿中？谢谢你提醒我这个问题，以后我会关注的。

2004年3月30日修订于巴黎国际大学城之英国楼

附记：

笔者曾以此题，2003 年 10 月 6 日在马来西亚《星洲日报》主办的"花踪讲座"上，以及 2003 年 11 月 10 日于台湾大学中国文学系，做了专题演讲。本文主要根据在台大的录音稿整理而成，特向主持人梅家玲教授及负责整理录音的陈好谙、赖佩暄两位同学致谢。

（初刊陈平原《文学的周边》[北京：新世界出版社，2004 年]及《晚清文学教室——从北大到台大》[台北：麦田出版，2005 年]）

长向文人供炒栗

——作为文学、文化及政治的"饮食"

　　在一个讲究"民以食为天""食色性也"的国度，饮食从来就不仅仅是营养或美味，而是包含太多太多的"言外之意""味外之旨"以及"韵外之致"了。那些飘荡在都市或乡村、刺激着你我好胃口的"各色美味"，古往今来，曾凝聚着无数文人学者惊羡抑或忧伤的目光。反过来，这些或迷茫、或笃定、或情色、或好奇的目光，附着在具体食物上，又使得其在"酸甜苦辣咸"（借用唐鲁孙的书名）外，平添了几分神秘与妩媚，大大扩展其文化内涵。在众多"意蕴闳深"的食品中，我选择了飘香千年的"糖炒栗子"，来敷陈"作为文学、文化以及政治的'饮食'"。

　　盛产于大江南北的栗子，作为一种营养丰富的食物，已经深深嵌入中国人的历史记忆。翻阅《诗经》《论语》《庄子》《韩非子》《吕氏春秋》《山海经》等古书，你很容易发现其窈窕的身影。至于历代文人的"吟咏"与"引用"，借助各种电子数据库，更是不难觅得芳踪。可我讨论的不是

"原料"，而是"美食"——从植物形态的栗子，到吾曹口中的美食，不只"主厨"在发挥作用，文人学者也都不甘示弱，纷纷以其擅长的"语言文字"来"添油加醋"，以至我们今天谈论诸如"糖炒栗子"这样的美食，必须兼及"古典"与"今典"（借用陈寅恪的概念），神游冥想，古今同席，于美味之外，更多地体会历史与人心[1]。

有日本学者称："在中国文学中，详细地描述现实饮食生活的例子并不太多。"[2]之所以出现这种误解，那是因为古今"文学"概念的歧异。只在具有"文学性"的诗文、小说、戏曲里找，当然是吃力不讨好；若扩展视野，将"文学"还原为传统意义上的"文章博学"，则中国人谈论饮食的文字，实在是不胜枚举。记得汪曾祺曾为中外文化出版社选编作家谈饮食文化的《知味集》，其"征稿小启"有曰："浙中清馋，无过张岱，白下老饕，端让随园。中国是一个很讲究吃的国家，文人很多都爱吃，会吃，吃的很精；不但

---

[1] 几年前，为推介焦桐主编的"饮食美文精选"，我曾替其大陆版《文学的餐桌》撰序，特别强调"中国谈论饮食的文章及书籍的共同特色：不满足于技术介绍，而是希望兼及社会、人生、文学、审美等"；因此，"不能说美味跟金钱毫无关系，但美味确实羼杂了很多人文因素——历史记忆、文学想象、人生况味、审美眼光等，都严重制约着你的味觉，更不要说关于美味的陈述与表彰"。参见拙文《纸上得来味更长》，《文学的餐桌》，桂林：广西师范大学出版社，2004年。

[2] 内山道夫：《从文学看中国的饮食文化》，见中山时子主编、徐建新译《中国饮食文化》56页，北京：中国社会科学出版社，1992年。

会吃，而且善于谈吃。"[1] 不仅仅是张岱、袁枚，中国文人中喜欢且擅长谈论美食的，可谓比比皆是。

借用《礼记·中庸》的说法："人莫不饮食也，鲜能知味也。"[2] 我所理解的"味"，兼及味蕾的感受、知识的积累、历史的氛围以及文人的想象。那么，就让我们在此"文学的餐桌"上，与宋代的苏辙和陆游、清代的赵翼和郝懿行，以及现代的周作人和顾随等，共同品鉴让他们一往情深的栗子——尤其是那早已"香飘四海"的糖炒栗子。

食疗与乡思

关于栗子的科属、别名、性味、营养成分等，此等植物学知识，不在我的视野之内。我关注的是"吃什么"以及"怎么吃"，即栗子如何成为美味。谈到栗子的吃法，大的分类，不外生食与熟食。恰好有两位宋代文人，为这两类吃法，留下了千古传扬的华章——生食的"代言人"是北宋散文家苏辙，熟食则有南宋诗人陆游作为"形象大使"。

与父亲苏洵、兄长苏轼合称"三苏"的著名文人苏辙（字子由，1039—1112），其《栾城集》中，多有涉及栗子处。如卷五《寄孙朴》之"相逢语笑夜踟蹰，烹煮梨栗羞肴

---

[1] 汪曾祺：《〈知味集〉征稿小启》，初刊《中国烹饪》1990 年 8 期，后收入《汪曾祺全集》4 卷 464 页，北京：北京师范大学出版社，1998 年。
[2] 阮元校刻：《十三经注疏》下册 1625 页，北京：中华书局，1980 年。

蔬"、卷七《寄孔武仲》之"煎茶食梨栗，看君诵书史"，还有卷十《次韵王适食茅栗》之"山栗满篮兼白黑，村醪入口半甜酸"等[1]。这满篮子的山栗，黑白相间，视觉效果甚好，极具观赏性；而且，将其与煎茶、村醪并置，说明确系诗人酷爱的美味。只是这栗子到底怎么吃，生食还是熟食，糖炒还是水煮，诗人没有明说。故我们只能推断，起码在诗人眼中，日后声名显赫的糖炒栗子，或尚未"闪亮登场"，或并非其"最爱"。

再看看以下这首流传久远、常被医家或提倡食疗者引述的《服栗》(《栾城三集》卷二)，当能明白，苏辙确实倾向于生吃栗子：

> 老去日添腰脚病，山翁服栗旧传方。
>
> 经霜斧刃全金气，插手丹田借火光。
>
> 入口锵鸣初未熟，低头咀嚼不容忙。
>
> 客来为说晨兴晚，三咽徐收白玉浆。[2]

作为食物的栗子，对人体有滋补甚至药用功效（比如养胃健脾、补肾强筋等），这点常被历代的文人或医家提及。如唐代的医药学家孙思邈就说，板栗是"肾之果也，肾病宜食

---

〔1〕 参见《苏辙集》第 1 册 97、135、187 页，北京：中华书局，1990 年。
〔2〕 苏辙：《服栗》，《苏辙集》第 3 册 1169 页，北京：中华书局，1990 年。

之"[1]；其《千金方》卷二十二"果实"更有曰：

> 栗子，味咸温，无毒。主益气，厚肠胃，补肾气，
> 令人耐饥，生食之，甚治之腰脚不随。[2]

也就是说，治疗苏辙晚年所患"腰脚病"，不是一般的"吃栗子"，而是"生吃栗子"，而且必须早晚"低头咀嚼不容忙""三咽徐收白玉浆"。苏辙所说的"旧传方"，不知与唐人孙思邈有无关系；但其《服栗》诗，却明显影响了明人李时珍。李撰《本草纲目》卷二十九"果部"，引录孙思邈等人诗文外，还专门摘引苏辙《服栗》诗的首尾四句，然后断曰："此得食栗之诀也！""栗生食，可治腰脚不遂"——这说的是疗效；至于吃法，则"细嚼，连液吞咽，则有益；若顿食至饱，反至伤脾"[3]。如此说来，苏、李二君对于"服栗"的理解，若合符节。

不过，明知生食栗子能健体治病，世人似乎还是更倾向于"熟吃"。这点，清代学者郝懿行已经注意到了："栗生啖之益人，而新者微觉寡味，干取食之则味佳矣，苏子由服栗

---

〔1〕 此语为李时珍《本草纲目》卷二十九"果部"所引，参见《本草纲目》上册 1262 页，北京：人民卫生出版社，1957 年。

〔2〕 孙思邈：《孙真人千金方》325 页，北京：人民卫生出版社，1996 年。

〔3〕 参见李时珍《本草纲目》卷二十九"果部"，《本草纲目》上册 1262—1263 页。

法亦是取其极干者耳。然市肆皆传炒栗法。"[1] 不仅仅是"熟吃",作者还排除了煎煮焖炖等各种制作方式,唯独推崇一"炒"字。如此选择,大有深意,而让"炒栗法"变得如此神秘兮兮的,正是南宋大诗人陆游。

陆游(字务观,号放翁,1125—1210)的《剑南诗稿》中,多次提及作为食品的栗子。像"豆枯狐兔肥,霜早柿栗熟"(《怀旧用昔人蜀道诗韵》)、"蝟刺坼蓬新栗熟,鹅雏弄色冻醅浓"(《初冬》)、"丰岁鸡豚贱,霜天柿栗稠"(《随意》)、"开皱紫栗如拳大,带叶黄柑染袖香"(《病中遣怀》)等,都是只提作为食品或风景的栗子,并没细说制作方式。而卷四的《闻王嘉叟讣告有作》可就不一样了:"地炉燔栗美刍豢,石鼎烹茶当醪醴。"——这确凿无疑的,就是炒栗子了。至于卷十三的《昼寝,梦一客相过,若有旧者,夷粹可爱,既觉,作绝句记之》,更是趣味盎然,值得全诗引录:

> 梦中何许得嘉宾,对影胡床岸幅巾。
> 石鼎烹茶火煨栗,主人坦率客情真。[2]

"炒栗子"不仅香气四溢,且与特定的史事相勾连,那就更值得当事人或后人追忆品鉴了。我指的是《剑南诗稿》卷五

---

[1] 郝懿行:《炒栗》,《晒书堂笔录》卷四页六下,《晒书堂集》,东路厅署,光绪十年(1884)。
[2] 《陆游集》第1册382页,北京:中华书局,1976年。

的《夜食炒栗有感》：

> 齿根浮动叹吾衰，山栗炮燔疗夜饥。
> 唤起少年京华梦，和宁门外早朝来。[1]

此诗题后有自注："漏舍待朝，朝士往往食此。"南宋都城临安的"漏舍"有两个，一在大内南门丽正门外，一在北门和宁门外。吴自牧《梦粱录》卷十三《天晓诸人出市》条，提及每日交四更，诸山寺观已鸣钟，"盖报令诸百官听公、上番虞侯、上名衙兵等人，及诸司上番人知之，赶趁往诸处服役耳"。这个时候，"御街铺店，闻钟而起，卖早市点心"。陆游等"和宁门外早朝来"的百官，见到的是这么一幅情景："和宁门红杈子前买卖细色异品菜蔬，诸般嗄饭，及酒醋时新果子，进纳海鲜品件等物，填塞街市，吟叫百端，如汴京气象，殊可人意。"[2]这"如汴京气象"五个字，实在太刺眼了，让人感慨万端。了解南宋历史以及陆游生平的，对其晚年因"夜食炒栗"而忆及年轻时的"漏舍待朝"，当平添无限惆怅。

说到"汴京气象"，不能不提及《东京梦华录》。那位因

---

〔1〕《陆游集》第 1 册 155 页。

〔2〕参见吴自牧《梦粱录》118 页，杭州：浙江人民出版社，1980 年。另，卷八"大内"则云："和宁门外红杈子，早市买卖，市井最盛。盖禁中诸阁分等位，宫娥早晚令黄院子收买食品下饭于此。凡饮食珍味，时新下饭，奇细蔬菜，品件不缺。"见吴自牧《梦粱录》63 页。

战祸而"避地江左"的"幽兰居士孟元老",晚年"暗想当年,节物风流,人情和美,但成怅恨",撰成《东京梦华录》十卷。作者深情追忆并仔细描摹那已经永远失去的"东京"之城池河道、宫阙衙署、寺观桥巷、瓦市勾栏以及朝廷典礼、岁时节令、风土习俗、物产时好等,希望后人"开卷得睹当时之盛"[1]。卷八涉及秋天的汴京风情,如"中元节"条谈盂兰盆会及"目连救母"杂剧;"中秋"条描述"贵家结饰台榭,民间争占酒楼玩月";"重阳"则是摹写"酒家皆以菊花缚成洞户,都人多出郊外登高"。而最值得关注的,是"立秋"一则:

> 立秋日,满街卖楸叶,妇女儿童辈,皆剪成花样戴之。是月,瓜果梨枣方盛,京师枣有数品:灵枣、牙枣、青州枣、亳州枣。鸡头上市,则梁门里李和家最盛。中贵戚里,取索供卖。内中泛索,金合络绎。士庶买之,一裹十文,用小新荷叶包,糁以麝香,红小索儿系之。卖者虽多,不及李和一色拣银皮子嫩者货之。[2]

这里的"鸡头",当指鸡头米,即新鲜芡实。芡实是一种多年生的睡莲科水生植物,多生于池塘或湖泊沿岸的浅水之

---

〔1〕 孟元老:《〈东京梦华录〉序》,孟元老等著《东京梦华录(外四种)》1页,上海:上海古典文学出版社,1956年。
〔2〕 同上,50页。

中，夏季开花，初秋结实。从鲜鸡头中剥出的鸡头肉鲜嫩可口，可生食，也可煮食，有健脾益肾之功效。因果实呈圆球形，尖端突起，状如鸡头，故名。此果品在宋代声名显赫，吴自牧《梦粱录》卷十八"物产·果之品"有关于"鸡头"的介绍，苏辙《栾城集》卷五之《西湖二咏》，包括《观捕鱼》和《食鸡头》二则〔1〕；而欧阳修的《初食鸡头有感》和陆游的《建州绝无芡，意颇思之，戏作》，同样对此果品念念不忘〔2〕。如此说来，以卖鸡头出名的李和家，"岂不也就是一片鲜果铺么？"〔3〕

　　这位汴京城里卖鲜果的小老板，并无特殊功业，本该早被湮没在历史长河中；没曾想，就因为陆游的一则小文，此君竟流芳千古。"生识前辈，年登耄期，所记所闻，殊可观也"的《老学庵笔记》〔4〕，其卷二有这么一则记载：

　　　　故都李和炒栗，名闻四方。他人百计效之，终不可及。绍兴中，陈福公及钱上阁恺出使虏庭，至燕山，忽有两人持炒栗各十裹来献，三节人亦人得一裹，自赞

---

〔1〕　参见吴自牧《梦粱录》164页，以及《苏辙集》第1册90—91页。
〔2〕　欧阳修《初食鸡头有感》："却思年少在江湖，野艇高歌菱荇里。香新味全手自摘，玉洁沙磨软还美。"陆游《建州绝无芡，意颇思之，戏作》："乡国鸡头卖早秋，绿荷红缕最风流。建安城里西风冷，白枣堆盘看却愁。"
〔3〕　周作人：《炒栗子》，《药味集》171页，北京：北京新民印书馆，1944年。
〔4〕　参见陈振孙《直斋书录解题》卷十一及《四库全书总目提要》卷一二一子部杂家类。

曰：“李和儿也。”挥涕而去。[1]

对于曾歌吟过“遗民泪尽胡尘里，南望王师又一年”(《秋夜将晓出篱门迎凉有感》)的诗人陆游来说，记录这则凄婉的故事，自然是寄托遥深。至于后世无数读书人，只要稍有正义感及历史常识，很少不被李和儿之递送南宋使臣炒栗子，以及“挥泪而去”的身影所震撼。至此，“炒栗子”已上升为一种文化符号，代表了某种不便言说或无须明言的“故国之思”。

考辨与文章

要说借吟咏食物来表达“故国之思”，最让我牵挂的，莫过于“清初三大家”——顾炎武、黄宗羲、王夫之。很可惜，在他们的集子中，我没发现糖炒栗子的“靓影”。反倒是乾嘉年间的赵翼和郝懿行，在各自的笔记中，谈及那流寓燕京的李和以及糖炒栗子。当然，不用说，入口处都是陆游的《老学庵笔记》。

作为诗人，赵翼（字云崧，号瓯北，1727—1814）与袁枚、蒋士铨齐名，合称“乾隆三大家”。除了论诗重“性灵”（参见《瓯北诗话》)，曾留下“江山代有才人出，各领风骚数百年”(《论诗》)这样的千古名句，赵翼还是一个重要的

---

[1] 陆游：《老学庵笔记》23 页，北京：中华书局，1979 年。

史学家，其《廿二史札记》至今仍常被学界引用。至于作者
"日夕惟手一编，有所得，辄札记别纸，积久遂得四十余卷"
的《陔余丛考》[1]，前十五卷纵论经义史籍，按传统的思路，
应是"重中之重"；可我偏偏更喜欢三十至四十三卷的杂考，
因其辨识名物制度、称谓礼俗、语言文字等，对于我们理解
古代中国的社会生活及风尚，大有裨益。就以卷三十三的
"京师炒栗"则为例：

> 今京师炒栗最佳，四方皆不能及。按宋人小说，汴
> 京李和炒栗名闻四方，绍兴中陈长卿及钱恺使金，至燕
> 山，忽有人持炒栗十枚来献，自白曰，汴京李和儿也，
> 挥涕而去。盖金破汴后流转于燕，仍以炒栗世其业耳，
> 然则今京师炒栗是其遗法耶？

这里所说的"宋人小说"，毫无疑义，应该就是陆游的《老
学庵笔记》。大概是"史家"而又兼"诗人"的缘故，赵翼
的考证，小处不够谨慎，误"十裹"为"十枚"，未免贻笑
大方[2]。除了考辨不精，还有过度阐释的嫌疑——想象今天
北京的炒栗法就是宋人李和所传，实在太大胆了。因为，糖

---

〔1〕 赵翼：《〈陔余丛考〉小引》，《陔余丛考》，石家庄：河北人民出版社，
　　　1990年。
〔2〕 周作人已经指出这一点，参见《〈老学庵笔记〉》和《炒栗子》。另，《汉
　　　语大词典》释"裹"字之"用作包裹之物的计量词"，举的例子正是陆
　　　游的《老学庵笔记》。

炒栗子的香味遍及大江南北，各地的制作方式大同小异，怎么能证明李氏炒栗法"千年一线"呢？在我看来，此等民间工艺，无论过去还是现在，都无法找到真正的原创者；即便那汴京城里"炒栗最佳"的李和，也没有"专利权"。

比起赵翼的挥洒才情、驰骋想象，我更喜欢郝懿行（字恂九，号兰皋，1757—1825）的笃实与诚挚。作为有清一代的著名学者，郝懿行著述甚丰，计有三十余种，均收在《郝氏遗书》中。除代表作《尔雅义疏》外，更有闲涉物情的《记海错》《燕子春秋》《蜂衙小记》《宝训》等杂著。并非空谈性理，也不将眼光局限于书斋，郝兰皋学问驳杂，趣味广泛，这点很对周作人的口味——"清代北方学者我于傅青主外最佩服郝君，他的学术思想仿佛与颜之推、贾思勰有点近似，切实而宽博，这是我所喜欢的一个境界也。"[1]

正是这种打心眼里的喜欢，使得周作人在 1935 年，连续写了三篇谈论郝懿行的文章。先是 1935 年 3 月 13 日撰《〈食味杂咏〉注》，评论东墅老人嘉善谢庸的撰述："东墅老人对于土物之知识丰富实在可佩服，可惜以诗为主，因诗写注，终有所限制，假如专作笔记，像郝兰皋的《记海错》那样，一定是很有可观的。"[2]后又有 1935 年 11 月 21 日所撰

〔1〕周作人：《〈记海错〉》，《风雨谈》24 页，《苦茶随笔·苦竹杂记·风雨谈》，长沙：岳麓书社，1987 年。

〔2〕周作人：《〈食味杂咏〉注》，《苦茶随笔》36 页，《苦茶随笔·苦竹杂记·风雨谈》。

《郝氏说〈诗〉》，介绍郝懿行和夫人王照圆合撰《诗问》《诗说》，称赞其"体察物理人情"，"训诂名物亦多新意"[1]。同年 12 月 24 日，周作人又撰《〈记海错〉》一文，提及诸多记载地方物产的好书，特别强调："至于个人撰述之作，我最喜欢郝懿行的《记海错》。"[2]与诸多乾嘉学者埋头考辨经史不同，郝懿行还旁及各种地方性知识以及人情物理。正是有感于"孔门多识之学殆成绝响"，以及基于"游子思乡"的情怀[3]，郝懿行撰写了不少贴近日常生活而又"有资考证"的小文章。

有了这么多铺垫，回过头来看郝懿行《晒书堂笔录》卷四中的"炒栗"则，当不难明白其好处：

> 栗生啖之益人，而新者微觉寡味，干取食之则味佳矣，苏子由服栗法亦是取其极干者耳。然市肆皆传炒栗法。余幼时自塾晚归，闻街头唤炒栗声，舌本流津，买之盈袖，恣意咀嚼。其栗殊小而壳薄，中实充满，炒用糖膏（俗名糖稀）则壳极柔脆，手微剥之，壳肉易离而皮膜不粘，意甚快也。及来京师，见市肆门外置柴锅，一人向火，一人坐高兀子，操长柄铁勺频搅之令匀遍。

---

〔1〕 周作人：《郝氏说〈诗〉》，《苦竹杂记》138—139 页，《苦茶随笔·苦竹杂记·风雨谈》。

〔2〕 周作人：《〈记海错〉》，《风雨谈》21 页，《苦茶随笔·苦竹杂记·风雨谈》。

〔3〕 参见《晒书堂文集》卷二《与孙渊如观察书》以及《记海错·小引》。

其栗稍大，而炒制之法，和以濡糖，借以粗沙，亦如余幼时所见，而甜美过之。都市衔鬻，相染成风，盘飣间称佳味矣。偶读《老学庵笔记》二言，故都李和炒栗，名闻四方，他人百计效之，终不可及。绍兴中，陈福公及钱上阁恺出使虏庭，至燕山，忽有两人持炒栗各十裹来献，三节人亦人得一裹，自赞曰："李和儿也。"挥涕而去。惜其法竟不传，放翁虽著记而不能究言其详也。[1]

与赵翼之断言京师里的炒栗就是李和遗法相反，对博物有浓烈兴趣的郝懿行，却在"惜其法竟不传"。正如前面谈及的，将李和视为"糖炒栗子"的祖师爷，相信其掌握某种秘诀，这思路在我看来大有问题。争论此"炒栗遗法"到底是湮没无闻了呢，还是已被发扬光大，其实没有多大意义。还是周作人的评述精彩：

郝君所说更有风致，叙述炒栗子处极细腻可喜，盖由于对名物自有兴味，非他人所可及，唯与放翁原来的感情却不相接触，无异于赵云松也。[2]

周君说得没错，"郝君是有情趣的人，学者而兼有诗人的意

---

〔1〕郝懿行：《炒栗》，《晒书堂笔录》卷四页六下、页七上，《晒书堂集》。
〔2〕周作人：《〈老学庵笔记〉》，《秉烛谈》83页，《瓜豆集·秉烛谈》，长沙：岳麓书社，1989年。

味，故所记特别有意思，如写炒栗子之特色，炒时的情状，均简明可喜"[1]。而我更看好的是，一个严谨的学者，竟有如此情致，在考辨名物时，敢将笔墨荡开去，穿插自家的生活记忆——"余幼时自塾晚归，闻街头唤炒栗声"云云，实在妙不可言。

至于周作人所说的，赵、郝二君之谈论《老学庵笔记》，全然没有失去家国的悲愤与隐痛，故与陆游原话宗旨不合，这确实是个问题；可这更多地属于时代风气——并非每个读书人都能从"糖炒栗子"的遥远记忆中，体悟放翁那念兹在兹的"故国之思"。

伤心最是李和儿

真是"说到曹操，曹操就到"，仅仅两年后，五四新文化运动的代表人物周作人（原名魁寿，号启明、知堂等，1885—1967）便面临如何"与放翁原来的感情相接触"的难题——那原本让人垂涎三尺的糖炒栗子，如今竟变得浑身是刺，搅得人辗转反侧，坐卧不宁。

1937 年 3 月 30 日，周作人撰《〈老学庵笔记〉》，开篇即语带调侃："吾乡陆放翁近来似乎很交时运，大有追赠国防诗人头衔的光荣。"具体论述时，启明先生承认"笔记中

---

[1] 周作人：《炒栗子》，《药味集》170 页。

有最有意义也最为人所知的一则，即关于李和儿的炒栗子的事"，并引《放翁题跋》卷三《跋吕侍讲岁时杂记》，称："读此可知在炒栗中自有故宫禾黍之思，后之读者安于北朝与安于江左相同，便自然不能觉得了。"[1] 其实，没必要绕这么大的弯子，翻开《老学庵笔记》，此类黍离之思比比皆是。暂时置身事外的周作人，一针见血地指出，清儒的考辨虽精巧，但放过了作者压在纸背的心情，殊为可惜。体会陆游的心境不容易，追摹乃至实践，那就更难了。周作人没想到的是，这"知行合一"的考验，竟很快就落到了他的头上。

"七七事变"后，名教授周作人没有随北大南迁，而是选择了"苦住"北平，不能不让人捏一大把汗。此后，一直到 1938 年 2 月 9 日，周氏公开出席日本《大阪每日新闻》社召开的"更生中国文化建设座谈会"，标志着其正式附逆，这中间的半年多时间里，敌我双方都在努力争取。而周作人的内心深处，更是翻江倒海。就在此天人交战之际，10 月 11 日，周作人写下这么一首打油诗：

> 燕山柳色太凄迷，话到家园一泪垂。
>
> 长向行人供炒栗，伤心最是李和儿。

诗后有同年 12 月 11 日的自注："一月前食炒栗，忆《老学

---

[1] 周作人：《〈老学庵笔记〉》，《秉烛谈》80—86 页，《瓜豆集·秉烛谈》。

庵笔记》中李和儿事，偶作绝句，已忘之矣，今日忽记起，因即录出。"二十天后，周作人意犹未尽，重写一绝，目的是"怀吾乡放翁也"：

> 家祭年年总是虚，乃翁心愿竟何如。
> 故园未毁不归去，怕出偏门过鲁墟。

后面照样有注："先诅妣孙太君家在偏门外，与快阁比邻，蒋太君家鲁墟，即放翁诗所云'轻帆过鲁墟'者是也。"这里的怕过鲁墟，大概是怕见那位念念不忘光复的陆放翁吧[1]？

身为"标志性人物"，在炮火纷飞的年代，周作人其实没有多少回旋的余地；一旦失足落水，更是很难重新上岸。以启明先生之聪明才智，当然明白其"附逆"给抗战军民造成的打击与伤害。1939 年 4 月 28 日，借撰文纪念亡友钱玄同，周作人引余澹心编《东山谈苑》，称倪元镇为张士信所窘辱，绝口不谈，或问之，答曰：一说便俗——"这件事我向来很是佩服，下现今无论关于公私的事有所声说，都不免于俗。"[2]1940 年 5 月 29 日，周作人撰《辩解》一文，重引《东山谈苑》，还是那句"一说便俗"，称回想以前读过

---

〔1〕 上述两首打油诗，除下面提及的最初出处，目前容易见到的，尚有《知堂杂诗抄》（3—4 页，长沙：岳麓书社，1987 年）等。
〔2〕 知堂：《最好的十七日——钱玄同先生纪念》，《宇宙风》（乙刊）8 期，1939 年 6 月；收入《药味集》时改题《玄同纪念》。

的古文，明白辩解未必有什么益处[1]。之所以再三声明"不辩解"，实则还是想辩解，只不过自觉理亏，担心辩解无效反落笑柄而已；尤其是刻意披露那两首包含内心隐痛的打油诗，更看得出是在努力地洗刷自己。

1940年3月20日，周作人撰《炒栗子》，刊同年6月《中和月刊》1卷6号，后收入《药味集》中。此文在立意以及史料排比上，跟三年前所撰《〈老学庵笔记〉》互有同异——最大的区别在于，作者在文章末尾巧妙地引入上述那两首表现故国之思的打油诗。又过了四年，也就是1944年10月，在《杂志》14卷1期上，周作人发表《苦茶庵打油诗》，共收入其撰于1937年11月至1944年10月的打油诗二十四首，打头阵的，正是这"伤心最是李和儿"！此类"述怀"，吟咏是一回事，发表又是另一回事；不只刊于杂志，还收入《立春以前》[2]，可见周作人确实希望此中心迹能"广为人知"。

《苦茶庵打油诗》后面，有作者撰于1944年9月10日的《附记》，其中有两段值得认真玩味："这些以诗论当然全不成，但里边的意思总是确实的，所以如只取其述怀，当文章看，亦未始不可，只是意少隐曲而已。"其实，不断辨析《老学庵笔记》中的糖炒栗子，说什么"伤心最是李和儿"，

〔1〕知堂：《辩解》，《中国文艺》2卷5期，1940年7月。

〔2〕《立春以前》刊行于日本战败投降的1945年8月，可书稿寄往上海太平书局，却是在同年3月底。

意思一点也不隐曲——除非对中国文化十分隔膜。另一段则
是:"从前读过《诗经》,大半都已忘记了,但是记起几篇
来,觉得古时诗人何其那么哀伤,每读一过令人不欢。如
《王风·黍离》云,'知我者谓我心忧,不知我者谓我何求,
悠悠苍天,此何人哉。'其心理状态则云'中心摇摇',终乃
如醉以至如噎。"〔1〕这同样是自我表白(或曰自我辩解),只
不过没有彻底卸下盔甲、放下架子而已。

对于周作人抗战中之借谈论《老学庵笔记》中的李和儿
献炒栗子,间接表白自家心迹,钱理群的《周作人传》第八
章有详细的描述〔2〕。至于黄裳的《关于周作人》,更是直指那
两首涉及《老学庵笔记》的打油诗:"看他反复抄引,多次
谈及,可以看出这实在并非偶然的。这两首诗也实在含有非
常刻露的禾黍之感,只差没有明说王师北定中原。以已经落
水的汉奸而写出这样的凄哀欲绝的诗,表面看来正是一种绝
大的矛盾,然而却是周作人祈求内心平衡而流露出来的心
曲。"〔3〕钩稽这么些隐藏在"糖炒栗子"背后的故事,并非想
洗刷周作人的汉奸罪名,而是希望理解"落水文人"内心的
痛苦与挣扎。

---

〔1〕 周作人:《苦茶庵打油诗》,《立春以前》154—155页,石家庄:河北教
    育出版社,2002年。
〔2〕 钱理群:《周作人传》427—438页,北京:十月文艺出版社,1990年。
〔3〕 黄裳:《关于周作人》,《读书》1989年9期。另外,张丽华的《从"君
    子安雅"到"越人安越"——周作人的风物追忆与民俗关怀》(《鲁迅研
    究月刊》2006年3期),对此也有所辨析。

有趣的是，周作人早年的学生，也被认作京派文人的顾随（字羡季，晚号驼庵，1897—1960），抗战中困守北平，也吃糖炒栗子，也读《老学庵笔记》，还写下了《书〈老学庵笔记〉李和儿事后》：

> 秋风瑟瑟拂高枝，白袷单寒又一时。
>
> 煿栗香中夕阳里，不知谁是李和儿。[1]

顾随的弟子叶嘉莹对尊师在抗战中"曾写了不少以比兴为喻托而寄怀故国之思的作品"，极力表彰；至于另一位弟子周汝昌，更是直接引述这首有关李和儿的七绝（字句略有出入），然后追问："一个炒栗子的怀念故国的典故，顾先生用了写成那样的诗句，你说这是爱国不爱国？"[2]其实，单说使用"怀念故国的典故"还不够（如此用典，周作人的诗文无疑更出色），还必须补充一句：北平沦陷八年，顾随先后在燕京大学、中法大学、辅仁大学、中国大学等校任教，从未与日伪政权合作，保持了传统士大夫的气节，无论讲论诗文，还是为人处世，均显示了鲜明的民族意识和爱国情怀。

1943年元旦，顾随去沈兼士家拜年，不幸被日本军宪扣

---

〔1〕 顾随：《书〈老学庵笔记〉李和儿事后》，《顾随全集》第1卷384页，石家庄：河北教育出版社，2001年。

〔2〕 参见叶嘉莹《谈羡季先生对古典诗歌之教学与创作》和周汝昌《怀念先师顾随先生》，载张恩苣编《顾随先生百年诞辰纪念文集》38、203页，保定：河北大学出版社，1999年。

留了十多天[1]；同年，顾随吟成《书〈老学庵笔记〉李和儿事后》，二相对照，不难明白其中的忧生与感怀。1945年秋，抗战胜利，顾随撰《病中口占四绝句》，其中有云："吟诗廿载咽寒蛩，一事还堪傲放翁；病骨支床敌秋雨，先生亲见九州同。"[2]从《老学庵笔记》到《示儿》，从"炒栗"到"王师"，正是陆游的诗文，使得同为诗人的顾随身陷逆境而不甘沉沦。

有趣的是，周、顾师徒二人[3]，当他们需要表达"故国之思"时，不约而同地，都选择了李和儿以及糖炒栗子作为媒介。谈论秋冬弥漫在北平街头的炒栗香，一旦认准其蕴含着"民族大义"，"美食"迅速转化成了"政治"。可也正因为过于看重自家心迹的披露，在周、顾诗文中，本该十分随和、家常的糖炒栗子，变得日渐高大、严肃起来，俨然成为一种政治／文化符号，而失去了其本味。

桂花栗子重糖炒

栗子是好东西，可以有各种各样的吃法；我要追问的

---

[1] 参见闵军《顾随年谱》142页，北京：中华书局，2006年。另，顾随《1945年元日以病不出门，试笔得小诗四章》之"此际年时曾一出，妻孥惊怪不归来"，即指此厄，见《顾随全集》第1卷391页，上海：上海古籍出版社，1986年。

[2] 顾随：《病中口占四绝句》，见《顾随文集》573页。

[3] 顾随1920年毕业于北京大学，属于周作人广义上的"弟子"；日后，作为京派学人，顾随在文章趣味以及生活态度上，颇受周作人影响。同时，顾又很神往在上海的鲁迅。

是，即便同为熟吃，为何大家格外推崇"糖炒"而不是"水煮"？追问糖炒栗子为何"爆得大名"，除了李和儿的故事，应该还有别的因素。

清代有两种谈及栗子吃法的著名食谱，一是朱彝尊（字锡鬯，号竹垞，1629—1709）的《食宪鸿秘》，其下卷"果之属"有"栗子"则，几种吃法中，"熟栗入糟糟之下酒佳，风干生栗入糟糟之更佳"，让我辈大长见识[1]。至于诗人兼美食家袁枚（字子才，号简斋、随园老人，1716—1798），其《随园食单》记载"栗子炒鸡"这道今人十分熟悉的荤菜，此外，"点心单"里还有两处提及栗子，一是作为"重阳小食"的"栗糕"——"煮栗极烂，以纯糯粉加糖为糕蒸之，上加瓜仁、松子"；一是"新出之栗烂煮之，有松子仁香"这样的小窍门——袁枚甚至抱怨"厨人不肯煨烂，故金陵人有终身不知其味者"[2]。有趣的是，这两种食谱都没提及大名鼎鼎的"糖炒栗子"。《随园食单》所著录，除作者常居的江浙之风味菜肴外，还旁及鲁、皖、粤等菜系；《食宪鸿秘》更是兼采南北，不分彼此。"糖炒栗子"之所以榜上无名，关键不在于地域，而在于此乃休闲性质的点心，根本上

---

〔1〕 朱彝尊：《食宪鸿秘》96页，北京：中国商业出版社，1985年。另，日本篠田统、田中静一编《中国食经丛书》，下卷收《食宪鸿秘》时，作者署王士祯。参见陶振刚等著《中国烹饪文献提要》99、155页，北京：中国商业出版社，1987年。在我看来，二者可能均系伪托。

〔2〕 参见袁枚《随园食单》74、131、133页，北京：中国商业出版社，1984年。

不了台面——时至今日，正式宴会上，一般都不会上"糖炒栗子"。

进不了食谱，不妨碍其进入千家万户，更不妨碍其被无数文人学者所记挂。原因是，这种食品与特定的岁时相联系，故显得"别具风情"。有两本记载北京岁时的好书，可作此"大胆假设"的注脚。清初潘荣陛撰《帝京岁时纪胜》，八月部分之"时品"则：

> 白露节蓟州生栗初来，用饧沙拌炒，乃都门美品。正阳门王皮胡同杨店者更佳。[1]

清末富察敦崇著《燕京岁时记》，十月之"栗子、白薯、中果、南糖、萨齐玛、芙蓉糕、冰糖壶卢、温朴"则，其中有云：

> 京师食品亦有关于时令。十月以后，则有栗子、白薯等物。栗子来时用黑砂炒熟，甘美异常。青灯诵读之余，剥而食之，颇有味外之味。白薯贫富皆嗜，不假扶持，用火煨熟，自然甘美，较之山药、芋头尤足济世，可方为朴实有用之材。[2]

---

〔1〕 潘荣陛：《帝京岁时纪胜》，《帝京岁时纪胜·燕京岁时记》30 页，北京：北京古籍出版社，1981 年。
〔2〕 富察敦崇：《燕京岁时记》，《帝京岁时纪胜·燕京岁时记》88 页。

如此"都门美品",包含浓烈的岁时记忆,一闻炒栗香,便知已入秋冬。古代中国人对于"岁时"的品鉴,往往是和特定食品联系在一起的,不像今人之喜欢"反季节"蔬菜或果品。经由一代代读书人的"纪胜"与"杂咏"(若宋人蒲积中编《古今岁时杂咏》),"岁时感"已经深入人心;而能与特定岁时相联系的食品,便显得"很有文化"——糖炒栗子便是一例。

70 年代初崛起于台北文坛的"新进的老作家"唐鲁孙(1908—1985)[1],其撰文描述故乡北平的岁时风物、市井风情、饮食风尚,三十年前曾风靡台湾,如今则流行于大陆。虽然作者"自己规定一个原则,就是只谈饮食游乐,不及其他"[2],读者还是能从中读出某种"历史的惆怅,京城的乡愁"[3]。像《吃在北平》《再谈吃在北平》《北平的甜食》《北平的独特食品》《二谈北平的独特食品》《故都的早点》等系列文章,确实是"馋人说馋",别有洞天。糖炒栗子虽只是被偶尔提及,也都显得神采奕奕:

金风送爽,一立秋,大街上干果子铺的糖炒栗子就

〔1〕 参见逯耀东《馋人说馋》,此文作为"唐鲁孙系列"之"序一",载《中国吃》等,桂林:广西师范大学出版社,2004 年。

〔2〕 参见唐鲁孙《何以遣有生之涯》,此文见广西师范大学出版社版"唐鲁孙系列"各书卷首。

〔3〕 参见王德威《北京梦华录——北京人到台湾》,陈平原、王德威编《北京:都市想像与文化记忆》360—370 页,北京:北京大学出版社,2005 年。

上市啦！卖糖炒栗子，得把临时炉灶、大铁锅、长烟筒，先搬到门口架上安好。等太阳一偏西，就把破芦席干劈柴点着，先在锅里炒黑铁砂子，等砂子炒热，放下栗子，用一种特制大平铲，翻来覆去地炒，不时还往锅里浇上几勺子蜜糖水，等栗子炒熟，便往大铁丝筛子里盛，把砂子抖搂回锅，热栗子可就拿到柜台上用簸箩盛着，盖上棉挖单，趁热卖了。热栗子又香又粉，愈吃愈想吃，时常吃得挡住晚饭。您如果把吃不了的糖炒栗子碾成粉，用鲜奶油拌着吃，那就是名贵西点，奶油栗子面啦。[1]

就像周作人欣赏郝懿行对于糖炒栗子的描写"简明可喜"；我之喜欢唐鲁孙这段文字，也是这个意思。作者另有一文，比较韩国的、日本的、杭州的以及北平的炒栗子[2]，不及此文之笔墨细腻，情深意长。

糖炒栗子之诱人，不仅是味道，还有场景。换句话说，此举具有"表演性"，可品味，也可观赏。别的山珍海味，只能在厨房里制作，食客所见，已是色香味俱全的佳肴。即便有好奇的食客想溜进厨房去观赏，也很可能被拒之门外。

---

〔1〕 唐鲁孙：《北平的甜食》，《中国吃》31页，桂林：广西师范大学出版社，2004年。
〔2〕 参见唐鲁孙《桂子飘香·栗子甜》，《酸甜苦辣咸》22—25页，桂林：广西师范大学出版社，2005年。

糖炒栗子就不一样，为了趁热吃，把整个炉灶、铁锅等都搬
到大街上，现炒现卖。1909 年刊行于上海的《图画日报》，
曾长期连载《营业写真（俗名三百六十行）》，其中第七十一
幅乃孙兰荪所绘《糖炒栗子》（图一），图中题诗曰：

> 桂花栗子重糖炒，魁栗不及良乡好。
>
> 长生桥堍绮园前，两个摊头名最噪。
>
> 此物最宜炒得松，第一要等火候到。
>
> 不可夹忙头里火忽停，致使冷锅子里热栗爆。[1]

清末民初，烟草公司为了商业竞争，曾随香烟赠送小画
片，俗称"香烟牌子"或"烟画"。这些烟画的内容极为丰
富，从植物到仕女到京剧脸谱等，无奇不有，甚至还专门描
摹"三百六十行"。蓝翔、冯懿有著《中国·老 360 行》中，
便收录三幅介绍糖炒栗子的烟画[2]。画面上，除了标明"天
津""良乡""魁栗"等字样（图二）[3]，呈现今人习以为常的
激烈的商业竞争，更让人欣喜不已的是，那炒栗子的器具以

〔1〕 参见《营业写真（俗名三百六十行）·糖炒栗子》，《图画日报》36 号，
　　　1909 年，上海：环球社编辑部。见上海古籍出版社 1999 年重印本第 1
　　　卷 428 页。
〔2〕 参见蓝翔、冯懿有著《中国·老 360 行》彩色图版 75—76 页，文字部
　　　分 339—341 页，天津：百花文艺出版社，2003 年。
〔3〕 天津乃北方板栗的集散及出口基地，因而"名扬海外"。至于"良乡栗
　　　子"，有说来自河北的迁西、遵化等地，有说出自京郊房山区，因其有
　　　"良乡镇"，且盛产栗子。

图一　　　　　　　　　图二

及架势（图三、图四），与郝懿行、唐鲁孙所描摹的，以及我们今天所见识的，并无多大差异。

秋风乍起，落叶满地，都市里的大街小巷，开始弥漫着糖炒栗子特有的焦煳与甜腻。这时候，无论平民百姓还是王公贵族，都可能被这种历史悠久的"闲食"所吸引。是美食，但因价格低，一般人都消费得起；更重要的是，此物"吃相"不难看，甚至可以说是"优雅"。正因此，糖炒栗子的制作以及品味，可以入诗入画。即便是老饕，其品鉴美

图三

图四

食，也都受时间地点的限制；不若糖炒栗子，可随意进食，不受周围环境影响，也不碍阅读、写作或神聊。大街漫步时可以吃，友朋聚会时可以吃，"青灯诵读之余"可以吃，甚至连"漏舍待朝"也都可以吃。这就难怪，无数文人学者，喜欢像郝懿行那样，"买之盈袖，恣意咀嚼"。不仅吃相优雅，而且有助文章——想想诸多价格昂贵的大餐，其入诗入文入画的效果，哪有清幽脱俗的糖炒栗子好？

糖炒栗子背后，确实有动人的故事，值得你我仔细品鉴；可过分追究"美食"背后的"故事"，会落入另一个圈套，即"思想深刻"，但"品位低劣"。且不说故事有真有假，有雅有俗，有广告促销，也有文人幽思，即便"故事"与"美食"相得益彰，其阐释也都必须"适可而止"。记得袁枚撰《随园食单》，有"戒耳餐"一说："何谓耳餐？耳餐者，务名之谓也。"[1]炫耀性消费固然是"耳餐"，过分夸大美味的"文化内涵"，以至让大脑取代了舌头，精神压垮了味蕾，也是一种"耳餐"。逯耀东曾提及唐鲁孙的饮食文章，"最初其中还有载不动的乡愁，但这种乡愁经时间的冲刷，渐渐淡去"[2]。在我看来，这才是聪明的举措——有文化情怀，但不忘食品本味。

十几年前，客居日本东京，路过上野车站，大老远就闻到那熟悉的香味，又见"天津甘栗"招牌，顿时热泪盈眶；

〔1〕 袁枚：《随园食单》24 页。

〔2〕 参见逯耀东《馋人说馋》。

除夕傍晚，朋友风风火火闯进来，抖落肩上的雪花，掏出好几袋还冒着热气的糖炒栗子，开口就是"别废话，趁热吃"；友人归台北，走前一天，驱车几十公里，到城南天坛附近去买"王老头"[1]，理由是诸闺中密友正"嗷嗷待哺"。这些日常记忆，对我来说，同样十分重要。换句话说，今人之欣赏"糖炒栗子"，除了苏辙的旧时秘方，陆游的《老学庵笔记》，郝懿行的精彩考辨，周作人的苦涩文章，还有各自多姿多彩的口感与记忆。正是这种兼及琐事与典籍、日常与历史、个人趣味与集体记忆，使得"炒栗子"有血有肉，而不仅仅是一种文化符号。有人别具幽怀，有人考古成癖，有人讲营养，有人图便宜，有人什么都没想，"就好这一口"……所有这些，各得其所，合起来，方才构成了有品位且有市场、能风光且能持久的"糖炒栗子"。

套用七十年前周作人的诗句，秋冬北京的诱人之处，在于其"长向行人"——当然，也包括馋嘴而又喜欢舞文弄墨的"文人"——"供炒栗"。只是面对如此"日常"而又"丰富"的栗子，你我读出来的，会是同一篇文章吗?

2007 年 9 月 10 日至 25 日于京西圆明园花园

（初刊《学术研究》2008 年第 1 期，人大报刊复印资料

《文化研究》2008 年第 5 期转载）

---

[1] 被誉为京城栗子王的"王老头"，祖上曾为宫里送炒货，1978 年注册了"王老头"商标，成为中国第一家有品牌的糖炒栗子。

中编

"北京研究"的可能性

从随笔《"北京学"》（1994年）到北大课程"北京文化研究"（2000年），再到主持"北京：都市想象与文化记忆"国际学术研讨会（2003年）、主编"都市想象与文化记忆"丛书（2009年），以及指导多篇研究北京历史、文化、文学、教育的博士论文，二十年来，我一直关注以北京为代表的都市建设、都市生活、都市文化以及都市书写，可除了区区一本《北京记忆与记忆北京》，还有几册主编的论文集，没有更多值得夸耀的成绩。借用胡适日记书信中常用的自我检讨，这就叫"提倡有心，实行无力"[1]。需要探寻的是，既然很早就意识到"北京研究"的学术价值，为何我没能成为"北京学"专家？

兴趣过于广泛，无疑是重要因素。除了小说研究、散

---

[1] 参见《胡适全集》第31卷第812、814页，以及第23卷第348页、第24卷第75页，合肥：安徽教育出版社，2003年。

文研究、教育史、学术史，还有图像与声音等[1]。如此即兴游走于不同的学术领域，自然难得专注一家。不过，这也怪"北京学"本身，诱惑来自四面八方，意志力不够坚强的，随时可能开小差，闯进邻居的后花园且流连忘返。除了兴趣，还有文体。写专著学养不够，于是专题演讲、文化评论、学术随笔，说好听是介入现实生活，说不好听则是为了藏拙。

还有一点很特别，那就是当老师的顾虑。记得多年前在我主讲的"学术规范与研究方法"课上，有学生问：我服膺老师的学说，在论文中不知不觉地采纳了老师的见解，算不算违规？其实，这也是当老师的困惑。你希望薪火相传，学生来请教，总不能说我还没发表呢，不能告诉你，或者虚与委蛇。当学生将你的指导意见发展成论文，你还好意思与之竞争？北大发生多起"原创者"反倒有"抄袭嫌疑"的案例，就因为教授们习惯于讲授多次，不断修订，可最后定稿送出去，发现早有捷足先登者。怎么说呢？课堂不同于公开出版物，是不受版权法保护的。大家都说长江后浪推前浪，那前浪呢，总不能很快就瘫倒在沙滩上？我的策略是：学生一旦上手，赶紧撤离；若干年后，发现仍"题有剩义"，那时再杀个回马枪。当然，很有可能就此别过，转战到别的领

---

〔1〕 陈平原：《"现代中国研究"的四重视野——大学·都市·图像·声音》，《汉语言文学研究》2012 年第 1 期，收入《读书的"风景"——大学生活之春花秋月》，北京：北京大学出版社，2012 年。

域去了。毕竟世界很大，有趣的课题很多，不一定非死守这棵树不可。

如此自我辩解，目的是想说明，谈论我对"北京研究"的兴趣，必须将我指导的博士生纳入视野——虽然填表时不能用，但对于他们的工作，我还是很在意的。

十篇博士论文

十三年前，我撰写《"五方杂处"说北京》，最后一节题为"作为研究方法的北京"[1]。口气很大，但始终成果寥寥，自知难逃"光说不练"的讥讽。其实，我在"北京研究"方面真正的业绩，乃是指导（或参与指导）以下十位博士生（括号中为博士论文通过答辩的时间）：颜浩（2002年）、魏泉（2003年）、杨早（2005年）、李在珉（2006年）、季剑青（2007年）、王鸿莉（2010年）、王申（2010年）、郭道平（2011年）、袁一丹（2013年）、林峥（2015年）。

对于博士研究生，我从不命题作文，只负责否定不合适的选题，或帮助调整思路。学生们因我的论著或课程而对北京这座历史底蕴深厚的都市产生兴趣，沉潜把玩，最终完成博士论文，我是很高兴的。十篇博士论文，质量并不均匀，

---

〔1〕 陈平原：《"五方杂处"说北京》，初刊《书城》2002年第3期，收入《北京记忆与记忆北京》，北京：生活·读书·新知三联书店，2008年。

且大都集中在清末及民国年间，但考虑到此乃重大的历史转折期，其复杂性与丰富性让人叹为观止，还是很值得深入探究的。至于说到这些博士论文的特点，我大致归纳如下：

第一，因"都市生活"的介入，研究者逐渐将目光从具体的作家作品转向文学及文化生产，还有文化及思想论争。颜浩的博士论文《1920年代中后期北京的文人集团和舆论氛围》（2002年）[1]，以现代中国文化史上两个性格鲜明而又相互对立的同人刊物《语丝》和《现代评论》为中心，从报刊史、文学史、教育史和思想史等不同角度，考察20世纪20年代中后期北京的文人集团和舆论环境，题目虽不大，但开掘得相当深。尤其是关于"北大的两个教授集团"、关于《现代评论》诸君徘徊在"教育和政治之间"，以及《语丝》和《现代评论》论争中从"驱杨"到"反章"的转变，辨析精细，平实中蕴含着力量。相对于此前主要从政治史角度着眼，将《语丝》与《现代评论》的对立单纯解读为意识形态之争，本文带入城市文化的视角，且在钩稽史料、体贴对象方面下了很大功夫，所论大都有理有节，颇能体现史家的眼光和趣味。

晚清的思想启蒙运动到底如何展开，一直是中国学界关注的重心，王鸿莉的《清末北京下层启蒙运动——以〈京话

---

[1] 此文修订后，2008年由北京大学出版社刊行，书名改为《北京的舆论环境与文人团体（1920—1928）》。

日报〉为中心》（2010年）别开蹊径，将北京城里的"开民智"与旗人的"自我拯救"相结合，使得此"旧题"重新充满张力。与上海、广州的读书人大谈"排满"不同，生活在天子脚下的旗人，面对满汉矛盾日益激化、皇朝岌岌可危的局势，到底该如何自处？本文借考察《京话日报》的兴衰，以及北京城里大量阅报讲报社的设立，还有旗人如何创办学堂（包括女学堂）以及发起国民捐等，说明北京下层社会启蒙运动之所以顺利开展，得益于满汉知识分子的合作，而其中旗人又发挥了很大作用。反过来说，清末北京下层启蒙运动也为旗人提供了最后的自我拯救和自我表达的机会。如此立说，意蕴更加丰富，也更具挑战性。

第二，引入都市文化视角，谈及舆论环境或教育制度的建设时，有更为深入的理解与阐释。以往谈论五四新文化运动，往往忽略了"庚子事变"后北京舆论环境的巨大变化。正是这一前所未有的变化，使"新文化"得以在古老的帝都顺利登场。此话题牵涉诸多领域，必须有较为开阔的学术视野，方能整合近代中国思想史、新闻史、文化史、文学史等学术资源。这正是杨早《清末民初北京的舆论环境与新文化的登场》（2005年）[1] 的撰写意图，也是其超越前人相关著述之处。此文入口处是民初北京报刊，着眼点则是知识分子的

---

〔1〕 此文修订后，2008年由北京大学出版社刊行，书名仍为《清末民初北京的舆论环境与新文化的登场》。

启蒙与"自启蒙",其中包括文化氛围的营造、集团意识的形成、政治抗争的手段,以及舆论空间的拓展等。表面上是"小题目",深入进去,也能做出如此"大文章"。作者在史料钩稽方面下了很大功夫,具体论述时大都言之成理。尤其值得肯定的是,作者对五四新文化的溯源,以及对民初北京舆论环境的勾勒,颇多新意;而其将城市史、报刊史与思想史相勾连的思路,也大有发展前景。

如果说此前的"京派研究"更多关注具体文本,季剑青的《大学视野中的新文学——1930 年代北平的大学教育与文学生产》(2007 年)[1] 则突出"制度性安排"对于文坛风气形成的决定性作用。这一论述策略,要求作者大量占有史料,方才能部分复原当初的学界与文坛,并对其进行深入阐释。这一点,作者做得不错。强调制度性安排对于文学创作的影响,这明显受法国学者布迪厄"文学场"理论的影响。但作者没有过多依赖"场域"等现成理论,而是立足于 30 年代北平"文化古城"与"战争阴影"的双重面貌,阐释其何以既非一味优雅静穆,也不是始终剑拔弩张。谈北平文坛,兼及优雅的京派作家与同样生气勃勃的左翼文学社团,这一论述策略相当可取。

第三,对抗战时期沦陷区北平的政治环境及精神氛围的

---

〔1〕 此文修订后,2011 年由北京大学出版社刊行,书名改为《北平的大学教育与文学生产(1928—1937)》。

精彩描述，有可能使读书人的出处、写作以及修辞策略得到很好的揭示。从 20 世纪 90 年代起，大陆学者研究沦陷区文学的著作陆续刊行，其中也牵涉"旅京台湾作家"群体，只是欠缺更为深入的阐释。若张深切、张我军、洪炎秋、钟理和等，既是北平文坛特殊之一支，也是台湾文学值得骄傲的先驱，这两种不同身份间的纠葛，要求研究者对其时暗流汹涌之政治形势及文坛内部派系斗争有准确的把握，更得对这些文化人的尴尬处境及身份认同有足够的同情与理解。生活在日本占领区，留平台籍文化人的身份非常特殊，后世学者论述时，既不能没有国家意识、民族大义等价值立场，也不能忽略个体的思想方式及生命哲学。来自台湾的王申同学，追随其前辈，负笈北大八年半，撰写题为《沦陷时期旅平台籍文化人的文化活动与身份表述——以张深切、张我军、洪炎秋、钟理和为考察中心》的博士论文（2010 年），对"旅京"与"台湾作家"这两个话题，均有较好的体贴。

同样谈论沦陷区北平读书人的精神状态，袁一丹的《北平沦陷时期读书人的伦理境遇与修辞策略》（2013 年）更为丰富与深厚。相对于明清帝京或五四新文化运动时期的北京，此选题危机四伏，明显更具挑战性。因为，在这个话题上，民族的、政治的、文化的——各种矛盾纠结在一起，单说"同情的了解"或"充分掌握史料"还不够，得有开阔的历史视野，以及敏锐的学术判断。沦陷区扭曲的时空结构，在一定程度上激活了业已失去制度支撑的士大夫传统，特别是易代之际的遗民传统。而读书人的出处进退，既是一种政治实践，也是一种知识系统，更是一个象征符号。谈论此敏感话题，"分寸感"很重要，差之毫厘，便可能失之千里。此论文兼及文学研究、文化研究、城市史以及政治史的论述，作者从不同角度切入，纵横捭阖，抽丝剥茧，充分体现其良好的学术训练。尤其是最为艰难的第二章（分析周作人沦陷时期的三套笔墨）和第三章（讨论史家陈垣的援古证今的"表微"机制），作者收放自如，史识及学养之外，更显示其很好的文字控制能力。

第四，借助某些意蕴丰厚的都市场景，在文学、教育、学术、思想以及传媒的交叉处展开对话与论述，重塑作为都市及都市文化形象的北京。魏泉所撰博士论文《十九世纪宣南的士林交游与风气变迁》（2003 年）[1]，着眼于 19 世纪北京宣南地区的士林交游对于其时文化风气的影响，所论者小，所见者大。本文引入城市研究视野，将其与文化史、学术史考辨相结合，获得明显的问题意识与方向感。选择"宣南诗社""江亭雅集""顾祠修禊""小秀野草堂"等作为切入口，论述中愈转愈深，关涉晚清的学术思潮与诗文风气，许多论述令人耳目一新。本文之值得肯定，不只是若干具体结论，更包括其论述时之胆大心细——有大的构想，但不强使史料就范，不卖弄，少空谈，考辨时步步为营，判断处小心谨慎。

---

〔1〕 此文修订后，2008 年由北京大学出版社刊行，书名改为《士林交游与风气变迁：19 世纪宣南的文人群体研究》。

林峥的《北京公园：现代性的空间投射（1860—1937）》（2015 年）则在全球化的背景下，考察"公园"作为一个新兴的西方文明装置，是如何进入晚清以及民国北京的。论文选择"公园"来讨论"城市"，兼及政治史、社会史、文化史、文学史等多重维度，视野开阔，气魄宏大。尤为难得的是，作者在空间与时间、政治与文学、古代与现代的转化与驰骋中，显得既自信，又有度，节奏控制得很不错。选择万牲园、中央公园、城南游艺园、北海公园、陶然亭等五个个案，分别对应传统士绅、新文化人、普通市民、新青年、政治团体的生活及表现，这并非最初的设想，而是在写作中逐步酝酿成形的。现在看来，此设计可操作性强，五章各自表达，而又相互趋避，可谓"匠心独运"。如此兼及城与人、文与史，描述北京公园的特殊性时，又能兼及外来文明的移植与传统文化的发扬，实属不易。

另外两篇博士论文——李在珉的《老舍与张恨水的北京叙述和想象》（2006 年）与郭道平的《庚子事变的书写与记忆》（2011 年），或因所论不限于北京，或主要着眼点不是都市文化，故从略。

五场会议与四轮课程

关于"北京学"，我自认成果卑微，值得一提的是，除了学生撰写的博士论文，还有五场学术会议与四轮专题课程。

　　我在北大出版社主持"都市想象与文化记忆"丛书，其《总序》称："讨论都市人口增长的曲线，或者供水及排污系统的设计，非我辈所长与所愿；我们的兴趣是，在拥挤的人群中漫步，观察这座城市及其所代表的意识形态，在平淡的日常生活中保留想象与质疑的权利。偶尔有空，则品鉴历史，收藏记忆，发掘传统，体验精神，甚至做梦、写诗。关注的不是区域文化，而是都市生活；不是纯粹的史地或经济，而是城与人的关系。虽有文明史建构或文学史叙述的野心，但更希望像波德莱尔观察巴黎、狄更斯描写伦敦那样，理解北京、上海、长安等都市的七情六欲、喜怒哀乐。"如此兼及"历史"与"文学"，而相对忽略"政治"与"经济"，不是刻意为之，乃是学科背景决定的。

　　这套丛书到目前共推出十种，其中四册是我与美国哈佛大学东亚系教授王德威合作召开的"都市想象与文化记忆"系列国际学术研讨会的论文集，包括《北京：都市想像与文化记忆》（陈平原、王德威编，北京：北京大学出版社，2005 年）、《西安：都市想象与文化记忆》（陈平原、王德威、陈学超编，北京：北京大学出版社，2009 年）、《开封：都市想象与文化记忆》（陈平原、王德威、关爱和编，北京：北京大学出版社，2013 年）、《香港：都市想象与文化记忆》（陈平原、陈国球、王德威编，北京：北京大学出版社，2015 年）。近几年略为懈怠，那是因香港会议论文集的出版波澜迭起，不得不放慢脚步。

这不是四场吗，为何说成了五场？因为，在北京、西安、香港、开封之外，还得加上另一座重要城市——天津。2010年11月在京津两地召开的"20世纪三四十年代平津文坛"研讨会，会后出版论文集《三四十年代平津文坛研究》（北京：北京大学出版社，2013年），因那时我是北大中文系主任，动用了行政资源，不好署编者名，只是撰写了题为《作为学术话题的"京津"》的代序。

关于这五次学术会议，我的评价是：第一，由"北京文化"起步，逐渐走向"都市研究"，不仅视野有所拓展，更重要的是心态变化——不再独尊帝京，也不限于为自家城市叫好。第二，谈城市而贯通古今、纵横捭阖，这在北京比较容易做到；谈其他古都时，可就没那么方便了。如何让古今之间"血脉贯通"，也就是说谈西安不限于唐，论开封不限于宋，这是都市研究者必须努力跨越的陷阱。第三，"城市研究"天生就是跨学科的，单说文史兼通还不够，还必须有更为开阔的视野，如谈西安时之借鉴考古学，谈开封兼顾法律制度，谈香港引入建筑与电影等。第四，关于"城市比较"，除了平津对话，还应该有更多的"双城记"或"三城记"。第五，谈城市的历史与现状，不只需要故事、人物、民俗、建筑、文学、艺术，更包括立场、理论与方法。其中，文化批判与城市史、建筑学、景观设计的对话最值得期待，因那是人文学者走出书斋介入社会的重要途径。

接下来，该硬着头皮，谈谈北京研究课程的开设。说实话，十四年前，我在北大首开"北京文化研究"专题课时，学术准备明显不足，只是觉得"必须"，于是学习铁人王进喜，"有条件上，没有条件创造条件也要上"。如此仓促上马，只能说是"教学相长"了。

2001年秋季学期在北大中文系开设的"北京文化研究"专题课，除了分析若干有关北京的诗文与小说，主要是以美国加州大学洛杉矶校区教授理查德·利罕的《文学中的城市：知识与文化的历史》作为教材，边译边读边评论。将"文学想象"作为"城市演进"利弊得失的"编年史"来阅读，此思路决定了研究者必须既涉及物质城市的发展，更注重文学表现的变迁。城市和文学文本共有着不可分割的历史，因而，阅读城市也就成了另一种方式的文本阅读。这种阅读还关系到理智的以及文化的历史：它既丰富了城市本身，也丰富了城市被文学想象所描述的方式。

此课程的"开场白"日后整理成《"五方杂处"说北京》，初刊《书城》2002年第3期及台湾的《联合文学》2003年第4期。此文共六节，最后一节很有野心，尤其是下面这段话："借用城市考古的眼光，谈论'文学北京'，乃是基于沟通时间与空间、物质文化与精神文化、口头传说与书面记载、历史地理与文学想象，在某种程度上重现八百年古都风韵的设想。不仅如此，关注无数文人雅士用文字垒起来的都市风情，在我，主要还是希望借此重构中国文学史图景。"事后证明，研究思路颇为可取，但无法一蹴而就，只能寄希望于年轻一辈学者——这正是此专题课的工作目标。

两年后，我又在北大开了一门新课，就叫"现代都市与现代文学"，每周带着研究生一起阅读、讨论以下九本有关城市的书：理查德·利罕的《文学中的城市》、李欧梵的《上海摩登》、赵园的《北京：城与人》、谢和耐的《蒙元入侵前夜的中国日常生活》、陈学霖的《刘伯温与哪吒城——北京建城的传说》、施坚雅的《中华晚期帝国的城市》、卡尔·休斯克的《世纪末的维也纳》、本雅明的《发达资本主义时代的抒情诗人》，以及石田干之助的《长安之春》。选书的标准，除了学术质量，还希望兼及思路与方法、文学与历史、中国与外国、古代与现代等。学生们对《世纪末的维也纳》和《发达资本主义时代的抒情诗人》两本书尤其感兴趣，那种游手好闲的姿态，那种观察品味城市的能力，那种将城市的历史和文本的历史搅和在一起的阅读策略，都让他们很开心。同样道理，阅读北京，理解这座城市的七情六欲、喜怒哀乐，也要兼及历史与文学。这门课加上同时召开的"北京：都市想象与文化记忆"国际学术研讨会，吸引或者说召唤了不少年轻一辈学者。

又过了几年，为配合"香港：都市想象与文化记忆"国际学术研讨会，我先在香港中文大学开设"都市与文学"专题课；经过一番增补，此课程又在北京大学重演一遍。这回的阵势更为"壮观"，涉及不同时期、不同学科、不同思路的城市研究，具体安排是：第一讲"都市文化研究的可能性"；第二讲"都市生活：凝视与驰想"；第三讲"城市记

忆：失落与重建"；第四讲"城市研究的理论与方法"（参
阅汪民安等主编《城市文化读本》，北京：北京大学出版
社，2008 年）；第五讲"本雅明的巴黎研究"（参阅本雅明
著、刘北成译《巴黎：19 世纪的首都》，上海：上海人民出
版社，2009 年；本雅明著、张旭东等译《发达资本主义时
代的抒情诗人》，北京：生活·读书·新知三联书店，1989
年）；第六讲"休斯克的维也纳研究"（参阅 Carl E. Schorske,
Fin-de-siècle Vienna: Politics and Culture, New York: Vintage
Books, 1981; 卡尔·休斯克著、黄煜文译《世纪末的维也
纳》，台北：麦田出版，2002 年）；第七讲"文学中的城市"
（ 参 阅 Richard Lehan, *The City in Literature: An Intellectual
and Cultural History*, Berkeley: University of California Press,
1998; 理查德·利罕著、吴子枫译《文学中的城市：知识与
文化的历史》，上海人民出版社，2009 年）；第八讲"古代中
国城市的日常生活"（参阅 [增订]《长安の春》，石田干之助
著、榎一雄解说，东京：平凡社，1967 年；Jacques Gernet;
translated from the French by H. M. Wright, *Daily Life in China,
On the Eve of the Mongol Invasion, 1250–1276*, London: George
Allen & Unwin, 1962; 谢和耐著、刘东译《蒙元入侵前夜的
中国日常生活》，南京：江苏人民出版社，1995 年）；第九讲
"历史学与社会学视野中的明清城市"（参阅 *The City in Late
Imperial China*, edited by G. William Skinner, Stanford:
Stanford University Press, 1977; 施坚雅主编、叶光庭等译，

陈桥驿校《中华帝国晚期的城市》，北京：中华书局，2000
年）；第十讲"图像世界里的城市生活"（参阅李孝悌编《中
国的城市生活》，台北：联经出版公司，2005 年 / 北京：新
星出版社，2006 年；陈平原、夏晓虹编注《图像晚清》，天
津：百花文艺出版社，2001 年 / 2006 年）；第十一讲"上海
研究"（参阅 Rhoads Murphey, *Shanghai, Key to Modern China*,
Cambridge：Harvard University Press, 1953；罗兹·墨菲著、
上海社会科学院历史研究所编译《上海，现代中国的钥
匙》，上海人民出版社，1986 年；Leo Ou-fan Lee, *Shanghai
Modern*：*The Flowering of a New Urban Culture in China*, *1930-
1945*, Cambridge, Mass.：Harvard University Press, 1999；　李
欧梵著、毛尖译《上海摩登：一种都市文化在中国，1930—
1945》，香港：牛津大学出版社，1999 年 / 北京：北京大学出
版社，2001 年）；第十二讲"北京研究"（参阅赵园《北京：城
与人》，北京：北京大学出版社，2002 年；陈平原、王德威编
《北京：都市想像［象］与文化记忆》）；第十三讲"长安想
象、香港书写与台北故事"（参阅陈平原、王德威、陈学超编
《西安：都市想象与文化记忆》；香港中文大学中文系、香港
教育学院语文学院合编《都市蜃楼：香港文学论集》，香港：
牛津大学出版社，2010 年）；第十四讲"我的'香港 / 北京记
忆'——从一本书、一幅画、一首歌、一部影视说起"。

最后一讲是讨论课，不谈理论，就说自己对这座城市的真
实感受。学院派的训练方法，读过研究院的，闭着眼睛也能猜

想得到。我的最大感慨是：当谈论各自生活的城市时，北大学生远不及港中大的学生。不是才华问题，也不是时间限制，而是心境——心高气傲的北大学生，虽在北京生活了好几年，但普遍没有真正"进入"这座八百年古都兼国际性大都市。

北京集中了全国五分之一的好大学（假定"211 工程"大学就是好大学，全国共 117 所，北京有 26 所），真的是"人才荟萃"。可这么多精英生活在北京，真正关心北京这座城市的并不多——很少人在意这"第二故乡"的喜怒哀乐。在国家视角与都市趣味之间，他们明显倾向于前者。我曾为此大发感慨："你在北大（或北京某大学）念书，对脚下这座城市，理应有感情，也理应有较为深入的了解。可惜不是北大校长，否则，我会设计若干考察路线，要求所有北大学生，不管你学什么专业，在学期间，至少必须有一次'京城一日游'——用自己的双脚与双眼，亲近这座因历史悠久而让人肃然起敬、因华丽转身而显得分外妖娆，也因堵车及空气污染而使人郁闷的国际大都市。"[1]

可为与可不为

相对于一百多年的上海或三十多年的深圳，北京的地层

---

[1] 参见陈平原《对宣南文化的一次"田野考察"》，《北京日报》2012 年 5 月 21 日。

太复杂了。不说建城三千年，单是建都八百年，就够你忙乎
的了。不仅传统与现代、中国与西方，还有南北文化的交
融，以及不同民族对话的深刻烙印。所有这些，使得"北京
学"层次丰富，线索复杂，深沉有趣，潜力极大，但要想把
它做深、说透、写好，则很难。

相对于纵横古今的十卷本《北京通史》(曹子西主编，
北京：中国书店，1994年)，我更关注各种专题著作。众
多研究成果中，不少出自北大中文系毕业的学生。如上面
提及的《北京：城与人》的作者赵园，乃北大中文系1981
级硕士生，后成为中国社会科学院文学研究所研究员。此
外，北大中文系1982级本科生董玥，后在加州大学圣地亚
哥分校取得博士学位，现为美国华盛顿大学（西雅图）历史
系教授，著作有 *Republican Beijing: The City and Its Histories*
(2003年)，以及该书的中译本《民国北京城：历史与怀旧》
（北京：生活·读书·新知三联书店，2014年)；北大中文系
1995级硕士生唐克扬，后在哈佛大学取得博士学位，现为独
立策展人，著有《从废园到燕园》（北京：生活·读书·新知
三联书店，2009年)。上述三书的撰写与我没有任何关系，
倒是以下两篇博士论文——张洁宇的《1930年代北平"前线
诗人"诗歌研究》[1]（指导教师孙玉石教授，2002年)、陈洁

────────────

[1] 此文修订后，2003年由中国人民大学出版社刊行，书名改为《荒原上
的丁香：20世纪30年代北平"前线诗人"研究》。

的《鲁迅北京交游研究》(指导教师商金林教授,2014年)——
虽非直接指导,多少有所介入。按理说,"都市研究"并非中
文系师生的主攻方向,能有如此成绩,实属不易。

"北京"作为一个学术对象,晚清以降,经历了从野史
逸闻到资料整理到笔记考辨再到博士论文的逐步演进,其大
趋势是越来越学院化。民国年间的史地专家张次溪、金受
申等编书或写书时,是有浓厚的文人趣味的。新中国成立
后,邓云乡那些横贯掌故学与社会史兼及考辨与文章的《鲁
迅与北京风土》《燕京乡土记》《文化古城旧事》《北京四合
院》等,也很好读。一直到近年出版的诸多北京学方面的著
作(如王军的《城记》),仍然大都兼及学术性与可读性。话
题有趣,资料丰富,加上可供驰骋的空间很大,如此"北京
研究",得到中文系师生的青睐,实在情理中。可正因为作
者多是文史专业出身,主要关注文学、文化、思想、学术、
传媒、教育等,不知不觉中,回避了经济、市政、建筑等同
样很有意义的话题,因而其著作普遍显得灵气有余而硬朗
不足。

人文学者从事都市研究,单说"古今贯通"或"文史兼
顾"还不够,必须思考如何与社会史、经济史、科学史对
话,以及怎样引入考古、艺术与建筑的视野,增加空间感与
视觉性。好在对此话题有兴趣的博士生越来越多,他们苦心
经营,稳扎稳打,学术上不断有所突破。因写作时间及评判
机制的制约,博士论文里的"北京",往往被掰开了,揉碎

了，越说越细，这个时候，期待大手笔，高屋建瓴而又言简意赅，重建北京的整体形象。

相对于著述体例的思考，今日中国，都市研究之日渐倾向于"应用"，或许更值得关注。如何在个人学术兴趣与国家发展战略之间，保持必要的张力，这是个难题。最近十多年，各大学纷纷将服务国家发展战略作为一个重要的评价指标。而这方面，社会科学长袖善舞，人文学则捉襟见肘。比如谈城市群、京津冀一体化、华北五省区合作，在经济、能源、交通、科技创新等领域有很多话好说，有很多事可做。这个时候，人文学者的思考及论述方式，就显得有点玄虚了。可积极承接政府项目，并因此获得大笔经费支持，这更接近于"智库"，而不是"大学"，尤其是大学里的人文学——后者擅长基础研究，其能力及志趣，不太适应目前讲求实用的大趋势。

我承认"对策研究"及"领导批示"的价值，但不认为这是人文学的主攻方向。同样谈"北京"，得区分基础研究与实用研究，二者各有所长，也各有缺憾。在我眼中，"大学"之所以不同于"智库"，就因其像个漫无边际的池子，养各种各样的鱼，国家（社会）什么时候需要，我们都能提供合适的品种。在一个"计划赶不上变化"的时代，大学的从长计议、多手准备，自有其好处。须知人类历史上，有时星光，有时月亮，有时萤火虫更讨人喜欢。

当下中国学界之谈论都市，制约你思考的，除了国家大政方针以及自家的学术理想，还包括地方政府的发展需要，以及开发商的利益诉求。这方面，我说过两句意味深长的话。第一句扬眉吐气："某种意义上，城市是建起来的，也是说出来的——尤其是城市的历史意蕴与文化内涵，即内在的力度与美感，需要人文学者帮助发掘，才能被公众所接纳。"[1] 第二句则明显底气不足："作为学者，我们的责任是说出自己相信的、经过深思熟虑的见解；至于领导在不在场，民众爱不爱听，能不能收获掌声或付诸实践，不在考虑之列。"[2] 为什么？因我深知，当今中国学界，无论著书立说或现场发言均不受外界影响、气定神闲、"吾道一以贯之"，这样的学者越来越少了。

今日中国，无论轰轰烈烈的城市规划，还是在清幽的书斋里谈论"都市想象与文化记忆"，已经很难再特立独行，像梁思成那样为理想而激烈抗争了。唯一能做到的，就是守住自家的底线——有所为，有所不为。我曾在一次学术会议上有感而发，称做城市研究必须拒绝诱惑，不该成为房地产商的托。没想到，主持会议的领导在闭幕式上针锋相对，说研究都市的，为房地产商站台，是可以通融的。幸亏我当时不在场，否则非吵起来不可。这等事，虽

---

〔1〕 陈平原：《"城市"怎样"阅读"——一个人文学者的追求与困惑》，《天津师范大学学报》2013 年第 5 期。

〔2〕 陈平原：《六城行——如何阅读／阐释城市》，《中华读书报》2012 年 2 月 8 日。

说早已见怪不怪，可让我意想不到的是，居然还有学界领导站出来，理直气壮地为其辩护。既然如此，我也就无话可说了。

2015 年 10 月 1 日修订于京西圆明园花园

（初刊《北京社会科学》2015 年第 12 期）

"北京学"的腾挪空间及发展策略

　　不太了解北京联合大学北京学研究所的历史及现状，因此，今天的发言针对性不强，更多的是讨论我心目中的"北京学"，它大概是什么样子，现在走到哪一步，以及日后发展的可能性。

　　在刚发表的《"北京研究"的可能性》中，我谈及自己虽在此领域开设专题课、主持国际会议、出版丛书，但成果寥寥，更值得夸耀的是培养出了若干对"北京学"或都市文化研究有兴趣的年轻学者。因此，借用胡适的自嘲，这就叫"提倡有心，实行无力"。

　　那篇起了个大早故徒有虚名的《"北京学"》，并非精深的学术论文，只是一则逸笔草草的随笔。当初只是直觉到，这是一个很有发展前途的学术领域，若足够努力且经营得法，很可能成为一门专门学问。在我看来，中国这么多城市，最有可能发展成为"学"的，当数北京和上海。次一等的西安和广州，稍逊风骚，但也可圈可点。其他的，无论如何努力，都很难戴上这顶帽子了。

拜读过纵横古今、专深厚重的《北京通史》，也翻阅过面面俱到、兼及理论与实践的《北京学研究论文集》（张妙弟编，北京：燕山出版社，2005年），当然，还有诸多精彩的专题著作，总的感觉是整体水平不及上海研究。无论是以往的经营"上海史"，还是近期的提倡"上海学"，上海都走在了北京前面，这点值得我们深思。

作为性格鲜明且发展线索单纯的国际性大都市，上海从20世纪30年代起就一直受到中外学界的关注。尤其是最近三十年，与上海的重新崛起相呼应，作为"地方性知识"的上海研究成果斐然。这个时候，如何建立史学家陈旭麓当年所设想的"富有上海的特殊性，又含有都市学的共性"的"上海学"（《上海学刍议》，《上海大学学报〔社会科学版〕》1986年Z1期），就成了当务之急。于是，今年5月，信心满满的上海学界，在上海人民出版社推出了《上海学》集刊，正式打出了"上海学"旗帜。想得到的，不见得就能做得到；但如果连想都不敢想，那就太可怜了。我相信，以上海的文化底蕴及经济实力，假以时日，"上海学"是能长成参天大树的。

这就说到了目前尚不太成气候的"北京学"。谈当下学术水准，上海走在北京前面；但若着眼未来，北京很可能后来居上。理由是：上海作为一个因门户开放、西学东渐而迅速崛起的港口城市，其发展线索非常清晰，论述框架也比较现成——好处在这儿，缺点也在这儿。相对来说，历史悠久、功能重叠、转型艰难、既老又新的北京，其论述的深度、广度、厚度、复杂性以及代表性，远非上海所能企及。做不好，止步于资料整理；做得好，则可能有理论创新。上海研究的未来，你我大致都能预见到；北京研究则很难说，因其深不可测，日后可能云山雾罩，也可能柳暗花明。正因如此，北京研究或曰"北京学"更有挑战性，值得你我追踪、辨析与探究。

谈论"北京学"，首先必须明确，这到底是"城市研究"还是"首都研究"。在北京的学者及官员中，好些人为了凸显"北京研究"的重要性，喜欢说这不是一般意义上的"城市研究"，而是独一无二的"首都研究"；若做"双城记"，北京不该跟上海、广州比，应该跟其他大国的首都比。既是首都又是国际性大都市的伦敦、巴黎、东京、莫斯科，确实跟北京好有一比；可美国的华盛顿，功能相对单一，只承担政治首都的功能，如果你拿北京跟某一个美国城市做比较研究，不选纽约而选华盛顿，合适吗？作为中华人民共和国的首都，北京的建设、运营及管理等，确实有其特殊性；但过分强调这一点，必定偏向于国家的政治制度、组织结构及实际运作，明显压抑其城市功能。

注重"都"而淡化"城"，这固然满足了我们的自尊心，却丢失了本该有的理论框架与评价尺度。在国家内部，首都是唯一的，与其他城市不具可比性。政治上确实如此，可日常生活呢？在北京生活久的朋友大都承认，这座城市的规划及管理，远不及上海。不太愿意承认这是（或"只是"）一座城市，就无法按照城市管理的一般规律来操作。突出首都功能，更合适的论述角度是政治学而非城市学。因为，在城市的视野中讨论政治体制问题，不说一叶障目，也是不得要领的。因此，在我看来，当下北京研究的最大障碍是，我们不太愿意"自降身价"，将其纳入"城市学"范畴。

十几年前，我表扬王灿炽80年代编印的《北京史地风物书录》，称这书至今仍很有用，只可惜连《大清会典》《中华民国开国史》都收，这"北京研究"的边界也太宽泛了（参见《"五方杂处"说北京》）。时至今日，如何在"城市研究"与"国家论述"之间，保持必要的距离，依然没有很好解决。我的设想是，谈"北京学"，最好先做减法，明白哪些东西非做不可，哪些东西虽然很重要，但不在我们工作范围之内，这样才能轻装上阵，走得比较远些。

在我看来，"北京学"包含三个层面：第一，城市史；第二，城市学；第三，城市文化。这三者叠加起来且互相支持，就构成了我所理解的"北京学"。研究北京这座城市的形成及演变，包括自然、地理、历史、人物、宗教、习俗等，是目前成果最为丰富，也是专家与大众间交流最为顺畅的。城市史偏重于人文学，城市学则更多倚重社会科学，其谈论城市的运营与发展，不是书斋里的坐而论道，而是力图解决当下各种急迫问题，如人口问题、就业问题、交通问题、环境问题、治安问题等。因此，城市学更能为政府的决策提供重要参考。至于城市文化研究，关注想象与虚构，兼及精神与物质，贯通古代与现代，理应将飘浮在空中但深刻影响民众生活及城市气质的文学、艺术、影视、传媒等纳入视野。当然，三者的区隔只是概而言之，进入具体研究时，往往自由穿梭，不被各种有形无形的边界所羁绊。

回到座谈会的主题，如何开展"北京学"，我就讲四句话：第一，警惕过度智库热；第二，厘清城市史与教育史的边界；第三，怎样叙述城市与文学；第四，借数据库编年刊。

城市学本身就是跨学科的，有人偏人文，有人重社科，有人兼及自然科学，这都很正常。问题在于，如何看待这"北京学"的腾挪空间，以及日后发展的可能性。为什么这么提问？因随着政府的积极提倡以及明显的经费倾斜，"北京学"的主流颇有往智库方向转移的趋势，那么大学里的人文学者该怎么办？

各级政府的政策研究室，以及北京市社会科学院，往"智库"的方向走，那是应该的。大学不一样，本以教书育人及基础研究为职责，近些年方才纷纷主动出击，申领各种"对策研究"方面的课题。对这一大趋势，我不无担忧。学理思考与对策研究哪个更重要，见仁见智，这里不辩。就说这大学教授一旦将自己的工作定位为智库，虽能获得大量的经费支持，也很容易得到"领导批示"，可这么一来，整天忙于琢磨或诠释政府的各种具体决策，丧失了冷静观察的距离与独立思考的支点，其实得不偿失。再说，你想充当智库，可政治运作的复杂性，获取重要数据的特殊途径，还有学术立场的坚守，以及言论尺度的掌握，都不是区区书生所能应付自如的。大学里存在某些特立独行的专家，能为政府决策提供另一个视角；反而是那些自命智库的，很容易演变成看领导脸色说话行事。偶尔参加政策听证会，发现学院里的教授，谈及具体问题的解决方式，往往不及政府官员精明能干。我不否认某些社科专家的建言影响了国家大政方针的制定，但绝大部分人文学者的出谋划策，其实意义不大，领导之所以倾听，更多的是体现一种礼贤下士的姿态。因此，我对目前各大学纷纷设立智库的必要性表示怀疑。

谈北京史或"北京学"，教育是个重要话题。乔尔·克特金（Joel Kotkin）在《城市的历史》（*The City：A Global History*）的序论中，将城市定义为"神圣、安全、繁荣之地"，也就是说，若"具备宗教场域、提供庇护及施展权力、刺激贸易活动"这三大要素，"都市文化便会蓬勃发展"（谢佩妏译，［台湾］新店市：左岸文化，2006年，第35页）。在东方国家谈城市，还必须添上另一个重要元素，那便是教育。欧美国家的第一流大学，不见得非建在繁华都市不可；而在东方，尤其是现代中国，好大学无一例外都立身于大城市。因此，你谈论北京的历史与现状，怎么叙述那些跟这座城市若即若离的大学，是个难题。今天的北京，集中了全国五分之一的好大学——假如我们将进入"211工程"的大学称为"好大学"的话；而其中很多好大学直属教育部，并不归北京市管。你谈作为城市的"北京"，将不将北大、清华等部属大学纳入其中呢？不纳入，那是巨大的缺失；纳入，又只能蜻蜓点水。这些大学都有自己的校史研究，其学术实力可能比你还强。再说，人家的视野及胸襟，并不局限于区区北京城；"北京史"的庙太小，容纳不下这些大菩萨的。怎么办呢？我的设想是，校园之内的故事，归属大学史；校园之外的活动，方才纳入城市史。举例说，北大的教学与科研，无论成败得失，做北京研究的都可以不管；但北大师生一旦走出校园，积极参与社会活动，引起正面或负面的风波，那就进入北京史的论述范围了。如此厘清城市史和大学史的关系，我以为是必要的。

接下来的难题，是如何处理城市史和文学史的关系。五年前，上海推出了130卷、六千万字的"海上文学百家文库"，让人惊羡不已。这套书容易引起争议的是，在"海上文学"的框架中，收录广东作家黄遵宪、梁启超、吴趼人，以及安徽作家陈独秀、胡适、张恨水，还有明显属于"京派"的沈从文等。上海是个移民城市，籍贯不太重要，关键是生活经历以及认同感。可如此重要的"大码头"，很多作家都来过，到底居住多长时间才算数（参见陈平原《为何"文库"，什么"文学"，哪个"海上"》,《现代中文学刊》2011年第1期）？北京也一样，或者说情况更为严重。你问谁是"北京学"必须关注的作家，我的答复是：第一，凡直接书写北京的,不管东西南北、古今中外,都纳入视野;第二,籍贯是北京或长期生活在北京的好作家,不管写什么都值得关注;第三,虽居京时间不长,但在这段时间里创作了好作品的。换句话说,若曾在北京生活过,但代表作完成于外地,且内容跟北京无涉的,不必强拉入伙。之所以强调这一点,是有感于眼下撰写大学史或城市史的,往往生拉硬扯,不管这些名人是否对这所大学或这座城市真有贡献。

最后是设身处地,替北京联合大学的北京学研究所想想,我们到底能做什么。尽管热情很高,但必须明白,我们只是众多"北京研究"机构中的一个,而且经费及实力都不见得是最强的。因此,选择合适的发展战略,别把自己想得太伟大,也别揽太多的活,这才是明智之举。北京学不同于上海学,其特点是四处开花,多头管理,各自为政,谁也不服谁。学校在做,政府在做,研究所在做,媒体在做,民间爱好者也在做,这样的"北京学",无人举旗,也没有人能"一统江山"。不要说北京联合大学牵不了这个头,北京大学或中国社科院出面也不行。这样也好,各做各的,八仙过海,各显神通。唯一的遗憾是大量的重复劳动,且整体水平有待提升。怎么办呢?不举旗,我们就建一个"北京学"的数据库,面向社会开放。只是搭建一个共享信息的平台,为学界及大众服务,不管你是哪路神仙,收录你的研究成果,帮你传播,且不独占。如果说有什么学术上的"企图"的话,那就是借助此平台,充分占有资料后,每年编一册《北京学年刊》，选择好论文与重要资料，推荐给中外专家及广大读者。至于自家的学术立场及理念，就在此桃李不言的实际操作中。这么做，既在我们的能力范围内，也对整个研究有切实的推进作用。当然，也可能你们早就这么做了，若如是，权当我野人献曝。

本文据作者 2015 年 12 月 15 日在北京联合大学召开的
"北京学之我见"专家咨询研讨会上的发言整理而成
2016 年 2 月 29 日定稿于京西圆明园花园
（初刊《北京社会科学》2016 年第 6 期）

另一种"双城记"

一、为什么是"双城"

不同历史时期，诸多形态各异的城市之酝酿、崛起与衰落，乃构成中华文明史的重要章节。城市不仅聚敛权力与财富，还积聚文学与文化。虽有"首善之区"之类的说法，但即便政治上"一统天下"，也无法消弭各城市在文化上的巨大差异。在《中华帝国晚期的城市》中，施坚雅将农业中国划分为九个大区，每个大区发展出若干独立的城市体系，其中包括中心城市、小城市与广大乡村。进入20世纪，这一大区规模及城市体系的建构，更是日趋完善。在漫长的历史岁月中，某一中心城市的崛起及其影响力的扩张与收缩，一直处在变动不居的状态。对于治国者来说，亟须理顺的关系，除了"城与乡"，就是"城与城"。

城市之间的对峙、牵挂与竞争，包括政治、经济、文化等，其间风云变幻，莫测高深，具备多种可能性。对于具体的城市来说，政治地位由皇上／中央政府裁定，经济地位靠实力说话，只有文化地位相对模糊些，取决于众多文人学者的努力。至于城与城的关系，大略分三类：行政上的上下隶属，经济上的大小依附，文化上的"剪不断，理还乱"。毫无疑问，我最关注的是既各自独立又互相联系的城市之间的对峙与对话。

说到城市间的对峙与对话，最容易想到的是"双城记"。比如，谈法国城市，我们会想起巴黎与里昂的竞争；谈俄国城市，我们会提及莫斯科与圣彼得堡的角力，谈日本是东京与大阪，谈印度则为德里与孟买。中国呢？20 世纪 30 年代，文坛上曾有过喧嚣一时的京派与海派之争。其实，"京海之争"之所以引起那么多人关注，而且事后一再被提及，就因为涉及的是整个城市的性格，而不仅仅是"文学"。至于走出国门，谈国际上的"双城记"，若还是 20 世纪 30 年代，则西欧有伦敦与巴黎，中欧有维也纳与布拉格，东亚则是东京和上海。此类"双城记"的构想，随意性很大，你可以谈政治，也可以比经济，还可以论文学艺术。观察角度不同，得出的结论迥异，对这座城市的想象也就可能出现较大的偏差。

提起"双城记"，最有名的莫过于狄更斯的长篇小说。《双城记》中的伦敦和巴黎，只是故事展开的场景，作家并没有做"比较城市学"的意图。到了学者就不一样了，倘若他／她开口闭口"伦敦—巴黎"，那肯定是别有用心。有时甚至没有明说，只是暗中用力。李欧梵《上海摩登——一种新都市文化在中国，1930—1945》的"中文版序"提及："我多年追踪30年代的上海，却无时不想到香港，这两个城市形影相随，其文化关系恐非一章'后记'可以充分表现。"李著第十章题为"双城记"，包含以下四节："香港作为上海的'她者'""怀乡：上海，作为香港的'她者'""关于老上海的香港电影"以及"上海复兴"。这两座城市的比较，一不小心就影响到了社会舆论。在《寻回香港文化》（香港：牛津大学出版社，2002年）的"小序"中，李欧梵非常得意："这个'双城记'目前已成热门话题，我算是始作俑者之一，十几年前初创此意的目的是为我的上海都市文化研究（见《上海摩登》一书），开拓一个更广阔的比较空间，却没有料到我的'理论'竟被急骤变化的现实所取代。"其实，可视为"双城记"并展开论述的，远不止香港与上海。

那么，城市比较，为何是"双城记"，而不是"三城记"或"五城记"呢？

法国小说家左拉创作过小说三部曲《三城记》（《鲁尔德》《罗马》和《巴黎》），而上海文艺出版社前些年也曾刊行"三城记"小说系列。后者由上海王安忆、香港许子东与台北/纽约王德威这三位"三城居住者"各主编一本这三城的中短篇小说选，希望借此呈现同一时期上海、香港、台北这三座城市的发展轨迹。出版时间，第一辑2001年，第二辑2003年，第三辑2006年（第三辑改换编者），第四辑至今未见踪影。

至于"五城记"，我读过两篇相关文章。一是余秋雨《文化苦旅》（上海：东方出版中心，1992 年）中的《五城记》，分写开封、南京、成都、兰州和广州，多感悟和抒情，很受中学生喜爱。如"开封"的开篇："它背靠一条黄河，脚踏一个宋代，像一位已不显赫的贵族，眉眼间仍然器宇非凡。"结尾处，作者登上古塔："当我爬到最后一层，我真想气喘吁吁地叫一声：'我报到，我的祖先！'"曾在台北生活六年、现居北京的香港作家陈冠中，其《城市九章》（上海：上海书店，2008 年）中有一则《三城记：上海、香港、台北的流动盛宴》，有点名实不符，因其中还牵涉北京和广州。作者的大判断我很喜欢："毫不含糊地，我说北京、上海、广州、香港、台北是中文世界的文化五都。"（83 页）

"四城记"没人说，因那念起来像"死城记"，很不吉利；"八城记"或"九城记"呢，又好像是旅行社的广告。再说，一旦"相提并论"的城市太多，读者记不住，论者也无力做深入探究。导演贾樟柯拍过一部《二十四城记》，但那不是讲述二十四座城市的故事，而是借在飞机发动机制造厂原址上做房地产项目"二十四城"，表现成都的国有企业三代人的坎坷命运。

没有比较，看不出差异；太多的比较，又实在说不清楚——这就难怪那么多人喜欢口口声声谈"双城记"。

二、不同类型的"双城记"

喜欢讲述"双城记"故事的，既有政府官员，也有普通民众，更有专家学者。在"双城记"的叙述 / 阐释框架中，你可以谈论城市的历史文脉，也可以辨析城市的现实图景，还可以畅想未来，到底怎么做才更有意义？

首先，必须是两座各具特色但等级相当的城市，才适合做"双城记"的论述。若双方实力太过悬殊，性质及功能迥异，根本无法形成有效竞争，无论"高攀"还是"俯就"，都太吃力了，效果肯定不好。比如，你一定要论述"纽约与潮州"的同与异，当然也可以，但基本上没有什么意义。

其次，当我们做"双城记"时，必须顾及时空因素。所谓时间，是指都市之新旧交替，比如汉魏的长安与洛阳、宋代的东京与临安，你都可以做一篇很漂亮的"两都赋"；即便不是国都，唐宋明清，诸多城市在历史大潮中兴衰起伏，导致其对话者不同，且褒贬有异。所谓空间，国际上很多大都市远隔千里，牵手结成友好城市，展开各种深入的合作与对话；而同一时期同一城市，因立场设定或论述需要，可能选择不同的对话者，比如同一个香港，可以选择伦敦或新加坡，或北京，或上海，或台北，或广州，展开"双城记"的论述。与谁"捉对厮杀"，决定了你的论述方式，还可能蕴含着某种价值判断。比如近年最为活跃的沪港比较，显然是因为上海在经济上的迅速崛起。

再次，谈论城市，为何需要成双成对？现实生活中，之所以盛产"双城记"，就因为当事人认准在"对镜"过程中，互为他者，更容易有所发现——借了解对方，确定自家立场，力争扬长避短。政治家之谈论"双城记"，大都有赶超对方、压倒对方，争夺话语权的意味；学者不一样，我们只是借助此叙述框架，获得对照与比较，还有深入思考的空间。一旦两城并列，必定有比较，有褒贬，所谓"一碗水端平"，只是理想境界；不过，在我看来，好的"双城记"，不该争风吃醋，你死我活，而是相辅相成，相得益彰。

最后，也是我最想说的，世界上没有两座城市是完全一样的，所谓的"双城记"，可以是黑白对照，形成强烈的反差；也可以是五彩斑斓，同中有异、异中有同。大略而言，前者强调对抗中的对话，后者侧重合作时的竞争。如果以 20 世纪 30 年代的文坛为例，前者便是京海之间的对峙，后者则是平津之间的互补。

这当然取决于经济结构、语言文化以及历史传统，但似乎也与城市间的距离有关。北京与上海距离 1463 公里（火车，下同），上海与香港距离 1991 公里，有足够大的腾挪趋避的空间，容易做成对峙／竞争的大文章。另外一类"双城记"，距离就近多了——北京至天津 135 公里，苏州至杭州 160 公里（公路），广州至香港 173 公里，上海至南京 301 公里，成都至重庆 315 公里，不说"近在咫尺"，但确实相距不远，历史上以及现实中，多以合作／互补为主，当然也包含竞争。这两种类型的“双城记”都很重要，但针对目前中国学界的现状，我更愿意谈合作而不是对抗、互补而不是竞争的“双城记”——比如京津、沪宁、成渝、苏杭或者穗港（省港）。后一类“双城记”，反差不太大，因而不太耀眼，但其实更重要，不该被我们忽视。

北京与天津，这两座大城市离得这么近，但无论行政区划还是文化性格，都各有其特性，不可能也没必要合并。因此，关注一百五十年来京津这两座举足轻重的大城市，在文化上如何对话、呼应与竞争，特别有意思。以我粗浅的了解，晚清一直到20世纪40年代末，这两座城市在文化上呼应得很好；反而是新中国成立以后，人才变成单位所有，新闻出版以及文学艺术等，双方都得各搞一套，往来反而少多了。这有点可惜。近年政府提倡京津冀合作，更多考虑的是经济因素。其实，教育、学术、文化更应该这么做——起码，历史学家首先应该将京津作为“双城记”来综合研究。

三、作为一种学术思路的“京津”

在“京海之争”的论述框架中，天津的地位及作用被严重低估。我们都知道，挑起京派与海派之争的，是沈从文的《文学者的态度》。此文发表在1933年10月18日的《大公报·文艺副刊》上，因其偏袒“京派”而贬抑“海派”，引起上海作家不满，于是展开一场火药味很浓的论争。第二年1、

2月，沈从文又在《大公报·文艺副刊》发表《论"海派"》和《关于"海派"》。当上海的作家群起反击，攻击京派之依附官府因而同样缺乏独立性时，似乎没把作为"阵地"的天津考虑在内。当然，这只是个小插曲；我想引入的，是近现代中国文化史上，北京与天津之间关系如何密切。

"天津作为一个具有完整意义的都市，是在明清时期形成的"（参见来新夏主编《天津近代史》4页，天津：南开大学出版社，1987年）。但因其与作为帝京/首都的北京离得太近，常被不恰当地忽略了。就以当下来说，虽说是老牌的直辖市，比起上海和重庆，天津面目模糊，不太容易吸引公众的目光。不仅今天，几乎历来如此。可天津不仅是拱卫京师的大门，还是北方最重要的通商口岸、洋务中心，很长时间里，其工商业及消费水平均比北京高。至于文化建设方面，学校、报业、戏剧、曲艺等，也不比北京逊色。清末民初之开通民智、呼唤变革，天津的《国闻报》（1897年，创刊时间，下同）、《大公报》（1902年）、《庸言》（1912年）、《益世报》（1915年）可谓赫赫有名；至于《醒俗画报》（1907年）、《人镜画报》（1907年）、《北洋画报》（1926年）对于政治时事、百姓生活以及文化娱乐的关切，《春柳》（1918年）之提倡南北话剧融合，同样值得表彰。新文化运动时期，北京、天津的青年学生多有交往，南开新剧团对于西方近代话剧的推介，更是走在北京前面。30年代的京派文学、北方左联，平津两地多有沟通；至于北派武侠小说家，如还珠楼主（李寿民）、宫白羽、王度庐、郑证因、朱贞木等，都是30—40年代活跃在天津与北平，并得到广大读者的拥戴的。

可我最想说的，还是《大公报·文艺副刊》对平津文坛的意义。英敛之1902年创办的《大公报》，是当年北方最重要的新闻媒体。1926年胡政之、张季鸾、吴鼎昌的新记《大公报》，更是对平津的政治、文化、教育等起举足轻重的作用。开辟众多专门性副刊，涉及社会、政治、经济、文化、艺术、医学、军事等，请北平等地的大学教授主持，办得风生水起。从1928年吴宓编"文学副刊"，到1933年杨振声、沈从文编"文艺周刊"，编辑方针有很大改变，但都是借用北平的作者群，后者连通信地址都写"北平西单西斜街55号甲"（那是杨振声的家庭地址，真正的编者沈从文居住达子营28号）。换句话说，这"文艺副刊"就是外包的"活"，北京编辑，天津印制并发行。1935年刚从燕京大学毕业的文学青年萧乾，接手编副刊，更是常跑北平组稿并征求意见。半个世纪后，萧乾撰《一代才女林徽因》（《读书》1984年第10期），描述当年的情境："一九三五年七月，我去天津《大公报》编刊物了。每个月我都到北平来，在来今雨轩举行个二三十人的茶会，一半为了组稿，一半也为了听取《文艺》支持者们的意见。小姐（指林徽因——引者注）几乎每次必到，而且席间必有一番宏论的。"

30年代的北平文坛，废名编《骆驼草》、叶公超编《学文》，虽则美丽，都是昙花一现。至于朱光潜的《文学杂志》，1937 年 5 月才出第一期。对于京派文人来说，天津的《大公报·文艺副刊》是最为重要的阵地。我们甚至可以这么说，没有天津的《大公报》，就没有 30 年代的京派文学。正是天津、北平这两座城市的文化人通力合作，方才成就了京派文学这一奇葩。至于 1936 年文坛上的两件大事：评选《大公报》"文艺奖金"，评委主要是北平的作家和批评家；《〈大公报文艺丛刊〉小说选》则干脆委托北平城里"太太的客厅"中美丽而睿智的女主人林徽因来做。

萧乾在《我与天津》(《萧乾全集》4 卷 682 页，武汉：湖北人民出版社，2005 年) 中称，当年到天津后，报馆的朋友不多，文学朋友却不少："曾在北平沙滩汉园公寓住过的三位诗人——何其芳、卞之琳和李广田，当时都在八里庄南开中学教书。另外还有毕奂午以及巴金的哥哥李尧林。章靳以和万家宝（曹禺）那个时候恰好也在天津。"这里提及的，主要是京派或倾向于京派的文人。其实，同一时期的平津，不仅有京派文学，还有北方左联。孙席珍、陈沂、方殷等人的文章都提及北方左联主体在北平，但有个天津支部 (参见《左联回忆录》下册 497、573、627 页，北京：中国社会科学出版社，1982 年)。张香山《天津左联的片断回忆》称，天津左联成员除了给文总办的综合性月刊《天津文化》写稿，还在《大公报》副刊《小公园》（曹世瑛编）上发文章 (参见《左联回忆录》下册 654—659 页)。与上海左联多著名作家不同，北方左联多年轻学生，文学成就不高，杂志（北平刊行的《文学杂志》《文艺月报》《科学新闻》以及天津创办的《当代文学》）影响也不大，更多的是一种年轻人的政治热情。但作为一种政治性很强的文学实践，平津两地文学青年的热血及激情，还是值得后人追怀以及充分肯定的。

之所以需要"平津"这样的"双城记"，一是当初本就多有合作与互补，二是便于互相发现——在天津阅读北京，在北京观看天津，当然更包括将"平津"视为一体做综合论述，这都是拓展学术视野的绝佳途径。在我看来，不仅应该好好探究政治史或文化史上的"京津"，学界还可以在"双城记"的视野中，深入思考明清的苏杭以及民国史上的穗港（省港）、沪宁、成渝等。这些结构相似、多有合作与互补的"双城"，更适合于作为一个整体来观察、思考与论述。

2010 年 11 月 12 日于香港中文大学客舍

（初刊《读书》2011 年第 1 期）

作为文化双城的京津

在我看来，21 世纪的竞争，既是国家或区域间的竞争，也是城市间的竞争。这里不谈远在千里之外的上海或香港，而是近在咫尺的天津——不仅经济发展水平，即便教育及文化，天津也都已经或即将构成北京强有力的竞争对手。

据第六次全国人口普查公报披露，2010 年 11 月 1 日零时标准时点上，北京市常住人口为 1961.2 万，天津则是 1293.8 万。至于经济发展水平，2010 年北京 GDP 总量 13777.9 亿元，按可比价格计算，比上年增长 10.2%，人均 11630.23 美元；天津呢，GDP 总量 9108.8 亿元，比上年增长 17.4%，人均 10595.03 美元。也就是说，这两个特大型城市的人口及 GDP 都很接近。想想十年前两城间的巨大差距，如今则呈现胶着状态；再过三五年，如果天津的人均 GDP 超越北京，我一点都不惊讶。迅速崛起的天津，其咄咄逼人的姿态，必定从经济领域向科技、文化、学术、思想等领域延伸。此前志得意满的北京人，必须正视这一挑战。

作为完整意义上的都市，天津是在明清时期方才逐渐形成的。因其与帝京／首都北京离得太近，常被不恰当地忽略了。就以当下来说，虽说是老牌的直辖市，比起上海和重庆，天津面目模糊，不太容易吸引公众的目光。不仅今天，几乎历来如此。可是历史上，天津不仅是拱卫京师的大门，还是北方最重要的通商口岸、洋务中心，很长时间里，其工商业及消费水平均比北京高。我在《另一种"双城记"》中谈及，晚清以降，天津在文化建设方面，如学校、报业、戏剧、曲艺等一点也不比北京逊色。1966 年 5 月 1 日，天津升为直辖市（此前天津建置屡有变更），与北京、上海鼎足而立，而河北省会则由天津迁回保定（1968 年 1 月 29 日河北省会迁石家庄）。这一重大决策，直接促成了日后天津的崛起以及河北的衰落。经过半个世纪，尤其是最近十年的奋斗，天津已经出落得"楚楚动人"。因此，我们需要用一种平等的"双城记"的眼光，来重新定位北京与天津。

谈经济合作，涉及科技创新、资源配置、市场规模、运输格局，关联的区域很大，若"环渤海经济圈""华北五省市合作机制""京津冀经济一体化"等，都有其合理性。可我更关注都市文化的"生成"与"养育"，这方面，北京与石家庄、唐山、保定等二级城市，或环绕白洋淀的安新、雄县、任丘、容城、高阳等县城，很难有共同语言；而与天津则很容易沟通与对话。都市有都市的魅力，城镇有城镇的潜能，农村有农村的风光——当然，也都有各自很难回避的困境及难题。这里没有高低雅俗之分，只是"建设社会主义新农村"与"打造国际性大都会"，二者不在一个平面上，无法交谈。

京津之间经济实力接近，产业结构相似，两城间的激烈竞争由来已久。而且，依我的判断，这一竞争还将长期延续下去。记得 1998 年我刚参加政协活动，就在讨论北京要不要发展汽车工业。学者们论证城市间如何分工合作，北京的定位应该是"政治中心"与"文化中心"，言下之意，汽车工业应该留给天津去发展。但主管经济的官员一句话就打回去——没钱怎么建设新北京！这么小的区域（两城相距 135 公里），集中两个千万以上人口的直辖市，不过度竞争才怪呢。两城的当家人，都想有政绩，都想赚大钱，关键时刻谁也不让谁。要想找到"双赢"的合作方式，还真是不容易。

不谈经济竞争，谈文化合作，相对来说好办多了。京津之间，产业结构相似，竞争必定惨烈；但反过来，因城市规模及发展水平接近，文化上趣味相投，很容易对话。谈历史，说文化，养育都城，保护古建筑，发展创意产业——现实世界中的文化双城，京津之间有太多相似的难题与机遇，完全可以共谋发展。就举大学的例子，大家都在花大价钱请欧美名家来讲学，大老远的，倒时差很辛苦，到了北京，何不到天津走走？如此分摊费用，双方都能获益。诸如此类的事很多，学术会议、舞台演出、艺术展览、研究课题、出版资源等，两城的作家、艺人、学者及管理层，完全可以携手共进。

作为国际性大都市，无论北京还是天津，目前都处在发展的关键时刻，需要一个有理想、可操作、兼容各种意见、展现合作意愿的高端论坛。相对于已基本定型的偏向于人文学的"北京论坛"（北京大学，2004 年创立），或侧重社会科学的"上海论坛"（复旦大学，2006 年创立），建议设立常规性质的"京津论坛"。初步设想如下：

第一，摒弃面面俱到的思路（也为了与其他"论坛"或"合作机制"相区别），本论坛专门研讨都市建设与都市文化。

第二，本论坛由北京市政协（或市政府）与天津市政协（或市政府）合作，每年一届，轮流主持，邀请学界、政界、企业、媒体的有识之士参加。

第三，本论坛的宗旨是：在"天津"阅读"北京"，在"北京"观看"天津"，更包括将"京津"视为一体，放在世界城市发展史的脉络上，寻求最佳位置及发展机遇。

第四，本论坛虚实相生，力图兼及学术性与实践性，改变目前学界、政界、商界自说自话、缺乏良好沟通机制的局面。

第五，本论坛每年拟定专题，根据论题的性质，选择适当的大学、研究院、博物馆、大众媒体或文化产业基地为合作伙伴或承办单位。

眼下谈论京津或京津冀合作，多着眼于政治及经济；这固然很重要，但我还是希望提醒：关注这两城的思想氛围及文化创新。除了谈大道理，更在力所能及的范围内做点实事，推进两城间的教育、学术与文化之合作。至于五十年或一百年后，京津到底是融为一体呢，还是依旧各领风骚，现在看不清，不好妄言。但在相当长的时间内，面对逐渐按捺不住，希望不仅在经济上，而且在文化上"平起平坐"的天津，北京必须有足够的胸襟、自信与紧迫感。

2011 年 11 月 20 日初稿，11 月 30 日修订于香港中文大学客舍

（初刊《北京观察》2012 年第 2 期）

宣南一日游

　　自十八年前撰写《"北京学"》这则短文，就总觉得，不能"光说不练"，自己也该为这座"千年古都"兼"国际大都市"做点什么。撰文、演讲、出书、开专题课、参加文化调研、组织国际会议等，此外，还希望与这座城市有"更亲密的接触"。具体说来，就是用自己的双脚，丈量这座城市的大街小巷；用自己的双眼，观察其日新月异的变化。这个诉求，主要不是为我自己，而是为我的学生。

　　2001 年，我在北大开设"北京文化研究"专题课，学生中有中国的，也有外国的。我跟他们说，趁着老北京还没有完全消逝，赶紧出去四处走走看看，这样，对这座城市才有真切的体会，日后做研究，心里会踏实多了。首先是理解这座城市，喜欢这座城市，然后再谈研究。除了阅读、查询、辨析、驰想，把自家的视觉、听觉、触觉、味觉也带来，这座城市才有可能"活起来"，才有了喜怒哀乐，才可能既古老又新鲜。另一方面，当我们努力用文字、用图像、用文化记忆来表现或阐释这座城市的前世与今生时，这座城市的精灵，便得以生生不息地延续下去。

不久前，刚代表北大中文系，与北京市西城区社科联签署了"北京大学中文系西城教学实践基地"的协议，希望日后多带学生"走西城"。而第一次试验，就是4月26日的"宣南文化考察"。

其实，类似的"田野考察"，我1999年就尝试过。那年，为了编撰《触摸历史：五四人物与现代中国》（广州：广州出版社，1999年），我曾带领包括该书作者在内的若干研究生，沿着当年北大学生的游行路线，用了将近五个小时的时间，从沙滩红楼一直走到因被学生"火烧"而名扬天下的赵家楼。一路上走走停停，指指点点，不时以历史照片比照或补充当下景象，让思绪回到八十年前那个激动人心的春夏之交。此举说不上有何深刻寓意，只是希望借此触摸那段已经永远消逝的历史。记得经过天安门广场时，还被警察盘问了许久。那天，有北京电视台记者跟拍，日后还做成专题片播出。可惜，当时不在意，两年前我让学生再去寻找时，编导已全部离开，片子也无从寻觅了。

有报社或电视台的记者跟随，多少总有表演成分，感觉不太自在。这回不声张，就自己走。那天，带着二十多名研究现代文学或明清文化的研究生，在西城区社科联戴、陈二君的协助下，先后走访了报国寺（顾亭林祠，以及京城的收藏文化）、空竹博物馆（非物质文化遗产）、长椿寺（宣南文化博物馆）、牛街礼拜寺（伊斯兰文化）、法源寺（佛教文化）、湖广会馆（会馆文化，以及戏曲博物馆）、京华印书局遗址（现代文化）等。中午在牛街的吐鲁番餐厅用餐，略为休息。来回换公交车、赶地铁，早上7点出门，下午6点到家，前后十一个小时。一天走下来，学生既疲惫，也兴奋，再三感叹，原来北京是这个样子的……

虽说是"一日游"，也得认真做功课。走前，请正研究沦陷时期北平的博士生袁君整理相关资料，印成小册子，加上十几张各时期的宣南地图，让每位参加者心中有数；归来后，给同学们写信："老天爷赏脸，4月26日那天，'暖风熏得游人醉'。有感于此，准备印制一小册子，作为此行的纪念。诸君可就自己所看到的、听到的、闻到的、读到的、想到的，撰一短文，9月1日前交卷。命题自由，文体及字数不限（但谢绝长篇论文），可穿插一两帧照片或速写。"之所以拖到9月才收稿，是怕影响学生们的学业；暑假中撰文，更好随意挥洒。

我很欣赏周作人的态度："我的故乡不止一个，凡我住过的地方都是故乡。"（《故乡的野菜》）现代社会人口流动大，哪个大城市里三代以上的本地人都很少；反过来，只要居住三五载，就不可避免地会融入本地生活。你在北大（或北京某大学）念书，对脚下这座城市，理应有感情，也理应有较为深入的了解。可惜不是北大校长，否则，我会设计若干考察路线，要求所有北大学生，不管你学什么专业，在学期间，至少必须有一次"京城一日游"——用自己的双脚与双眼，亲近这座因历史悠久而让人肃然起敬、因华丽转身而显得分外妖娆，也因堵车及空气污染而使人郁闷的国际大都市。

2012 年 5 月 2 日于京西圆明园花园

（初刊 2012 年 5 月 21 日《北京日报》，刊出时，题目改为《对宣南文化的一次"田野考察"》，且被删去"牛街礼拜寺〔伊斯兰文化〕、法源寺〔佛教文化〕"）

谁为城市代言

"谁不夸俺家乡好",这是传统中国的说法。现在不是这样了,说这城市很好的,不一定是本地人。那是谁呢?什么人都可能——为官一任的领导、偶然路过的游客、本乡本土的读书人、拿人钱财替人消灾的广告商等。我关心的是,谁的"夸耀"最有效——传播广且容易被接纳。

首先应该排除的是官员的夸夸其谈。其实,我接触的官员中,有许多兢兢业业、一心一意想做好事的。而且,今日中国大城市里的官员,大都见多识广。只不过世人坚信,"屁股决定脑袋",你当官的职责所在,必定尽拣好听的说。因此,谈及城市是否"宜居",本地官员的公信力不高。连带政府制作的电视或委托广告公司生产的作品,不管是搁在纽约的时代广场还是 CCTV 播放,都不太被信任。

于是,有了第二种"代言",那就是选择土生土长或与本地有瓜葛的娱乐明星,让其成为本城的"形象代言人"。此举对于追星族有用,但对非追星族来说,非但无效,还容易引起反感。而且，这"星"到底能红几天，谁也说不清楚，故"传播力"实在很有限。

第三种"代言"显得很有国际视野。出钱邀请众多"老外"前来拍照，举行国际摄影比赛，最大限度地呈现并传播本城的美丽及魅力；或者邀请名导演来本城拍电影，越大制作越好，目的是让电影院的观众在欣赏影片的同时，不知不觉地关注、接纳、赞美本城的"无限风光"。这两手虽精明，但更多着眼于旅游业，对提升整个城市形象效果不明显。况且，此"戏法"如今已揭秘，人人都能玩，效果于是递减。

第四种"代言"比较文雅，签约国内外作家，让其在本城生活若干年，创作长篇小说或电视连续剧；支持学界召开国际学术会议，或资助学者从事本城历史、文化、经济、艺术等的研究。这方面的投入，不说一本万利，也是事半功倍。这些政府资助的项目，有的主题很明确（如北京市政府委托招标，要求撰写表现中关村崛起、金融街繁荣、老字号兴衰等题材的戏剧——连"剧本"带"制作"），有的则允许自由发挥。这些委托性的文学艺术生产，运作起来需要一定时间，不可能立竿见影，但效果一般都不错。只是吃人家的嘴软，得到资助的作家、学者、艺术家及文化人，谈及某城的前世今生，尤其涉及当下的市政建设时，多少有所顾忌。因此，标榜特立独行的作家或学者，不太理会此类"鱼饵"般的资助。但从更广阔的视野看，政府这么做，有其合理性。部分作家、学者申请到可观的资助，得以深入研究、从容写作，还是值得庆贺的。

相对于政府的殚精竭虑，我更关心民间的自发代言。古今中外，评价某人某城某届政府，口碑很重要。所谓"口碑"，一般都是事出有因但查无实据，很难准确统计。我想到了一个特殊的行业，那就是今天中国各大城市里随处可见的出租车。

终日奔波的出租车司机，有的口无遮拦，有的"沉默是金"，性格截然不同。我熟悉的各大城市中，香港的出租车司机最为沉默寡言，也最敬业。上车问明地址，下车说声谢谢，其余的时间，你想你的心思，他开他的车子，各不相扰。都说北京的出租车司机最能侃，放到地市一级当领导，绝对没问题。那是过去的印象。现在北京市内开出租车的，原先大都居住在郊区县，经常问乘客路该怎么走。如今喜欢谈政治的，反而是台北的出租车司机。二十年前我第一次赴台，遇见过立场鲜明且眼神凶悍的"的士"司机；十年前在台大教书，坐上出租车，经常被问及如何看待"台湾经验"；最近好多了，司机会跟你聊他在大陆旅游的经历与体会。

我最佩服的是上海的出租车司机，他们对自己服务的城市充满自豪感。每回沪上行，总有出租车司机建议我多住几天，好好看看美丽的大上海。弄得我很自卑，觉得自己"很土"，愧对眼前的风景。上海朋友让我别介意，因为在很多上海人看来，所有从外地来的——包含南京、北京、广州、拉萨等，都是"乡下人"。当然，香港例外，一国两制嘛。

2010 年上海世博会期间,我充分领略了上海出租车司机的尊严与聪慧。那天上午我在华东师大开讲座,晚上在复旦大学又有一场演讲,中间几个小时的空当,跑去参观世博会。午后 2 点进去,匆匆看了几个展馆,4:30 就出来了。一上出租车,司机很不爽,问我是哪国人。第一次在国内被误认为是外国人,我很惊讶,小心翼翼地问,是不是听出广东口音,以为是从香港来的?司机大义凛然,说:"香港也是中国。不是因为口音。看你这么早就离开,对世博会不感兴趣,估计是新加坡人。"对我忐忑不安的解释,司机半信半疑,临下车又丢下一句:上海怎么样?为了表示"爱国心",我赶紧抢答:"味道好极了!"

事后跟朋友聊天,我说,上海市政府应该给出租车司机集体颁奖。为什么?你到北京看看,一坐上出租车,司机若愿意开口,十有七八是在骂政府。从空气污染,到房价高企,到交通拥堵,到水资源缺乏,到没文化,到份子钱重……我发誓,居京三十年,至今未遇见一位劝我多看看"美丽北京"的出租车司机!

我能体会上海的"好",但北京也没有出租车司机说得那么"差"。问题到底出在哪儿,为何北京的出租车司机怨气那么大,政府应该好好反省。北京拥有正规营业的出租车六万多辆,这些车子每天十多、二十小时在路上转,若百分之七八十的司机对政府不满且喜欢对乘客发泄,这"北京形象"不变坏那才怪呢。

对于像我这样的工薪阶层而言，出租车司机犹如一座城市的"形象大使"，他们对于这座城市的赞美、嘲讽与批判，比市长报告或明星广告效果更显著。

2013 年 5 月 17 日于京西圆明园花园

（初刊 2013 年 6 月 3 日《文汇报》）

下编

十年一觉

　　一场秋雨，一层凉意。东京大学校园里的银杏开始飘落，进校门便是一地金黄。如果恰逢下午的太阳，景色颇为壮观。报载北京前两天下雪，想来北大校园里的银杏早已凋零。银杏有大有小，一地金黄的时间也有先后，可两座校园确有不少相似处，难怪初来时老有梦里相见之感。

　　客居异国，不免思乡。忽忆杜牧诗句："十年一觉扬州梦，赢得青楼薄幸名。"并无杜牧的才气和艳遇，也难得"烟花三月下扬州"，只是凭空觉得"十年一觉"四字惊心动魄。

　　屈指算来，从第一次到北大寻梦，到今秋东渡访学，刚好十年。人生能有几个"十年"？更何况适逢从"而立"走向"不惑"！倘若不是此次偶然的出游，造成一种时空的距离和陌生化效果，当不会如此清醒地"追忆似水年华"，也不会如此真切地感受到十载燕园梦的飘逝。

　　十载燕园梦，自是以读书为主。在《我的读书生活》中，曾分析四种类型的学友。论及"学友间各有所长，见识大致相当（学术观点不同无所谓），或合作，或竞争，谁也不欠谁，谁也离不开谁"的"互补型"时，举的例证便是与钱、黄二君的合作。这段描述只是举例，不免略去前因后果。说起"燕园雅集"，主要应归功于他们两位。不只是当年我见识无多，聊天时多带耳朵少带口；更因我之进北大，全靠二位"提携"。

1983 年初春，我第一次坐上北行的列车。那时并没打过主意进北大，只是觉得北京的初春很有魅力。刚来时万木萧疏，才几天工夫，路边的柳树便日新"夜"异，迎春花也不甘寂寞起来，一切都显得生机勃勃。相形之下，南国的四季常春反而乏味。当然，北京令人心醉的，还有琉璃厂的古书和故宫的红墙绿瓦。

这年的深秋，我第二次跨长江过黄河，目的是为毕业后进京工作探路。当时联系的单位是中国社会科学院。进燕园拜会子平兄时，被劝知"一定得见见老钱"。在"钱老师"那间十平方米的小屋里聊了一个下午，临别时呈上我刚完成的《论苏曼殊、许地山小说的宗教色彩》。据说当天晚上 10 点多，读过文章，老钱便急匆匆赶去找子平，商量如何劝我转投北大。

事后，老钱真的说服王瑶先生出面，要求北大破例接纳我这中山大学的毕业生。功亏一篑后，王先生又毅然决定把我收为他（也是北大中文系）第一个博士研究生。如果不是子平的热心引见，老钱大概不会如此认真阅读我的文章；而不是老钱极力推荐，我也难得闯进这已经颇为拥挤的燕园。

为了使我的学术风格更能为北大教授们所接受，老钱多次去信指导；再加上另一位朋友朱晓进帮助打听有关考试的各种具体事宜，那阵子我每周总有一两封北大来信。同学间纷纷传说我在北京有女友，老师们也有所耳闻，都说我急于离穗"可以理解"。于是，我提前半年通过硕士论文答辩（那一届硕士生各校自行规定学制，北大两年半，而中大则三年），收拾行装，进京赴考来了。

正式拜在王瑶先生门下，"钱老师"便成了我的"师兄"。遵师兄之命，改称"老钱"，这样聊天时方才无拘无束。那时我初闯燕园，人地生疏，钱、黄二家便成了主要聊天场所。唯一不同的是，到子平家聊天还能"蹭饭"，张玫珊烧菜手艺甚佳；而老钱的夫人不在身边，面对"永远的煮面条"，还不如到食堂打饭。开始是俩人俩人聊，后来发展到三人一起聊，且越聊越专业化，居然聊出个"20世纪中国文学"的命题来。

这命题最早是老钱提出来的，就专业知识而言，他远比子平和我丰富。1985年春天在万寿寺召开的现代文学创新座谈会上，是我代表三人就此设想做了专题发言；此后整理成文公开发表，又是由子平持笔。可熟悉我们学术背景和研究思路的朋友都知道，躲在幕后的老钱才是这"三人谈"的核心。有趣的是，我们三人虽说都是"文革"后北大培养的研究生，可年龄相差很大（老钱大学毕业那年我刚进小学）。就因为联名发表文章，统统成了"青年评论家"，老钱平白无故地被降了一级。好在他颇有童心，不以为耻，反以为荣。

就在"20世纪中国文学"这一命题走红时，不少出版社来约稿，希望就此设想撰写专著。不是完全不动心，也曾有过大致的计划；可很快发现自身根基不稳，不想仓促上阵。于是急流勇退，写我们各自的专著去了。不想一年后，老钱又"卷土重来"。说是缩短战线，就弄20世纪中国小说史。这回人多势众，开会时一本正经，还得准备发言提纲，不像以前聊天那么洒脱了。忙了两年，我负责的部分终于完成了，还颇获好评。只是第二卷以千呼万唤至今未出台，大有虎头蛇尾之嫌。除了政治环境的制约，更重要的是，诸君都有较强的学术个性，在一起交谈很愉快，合作起来却不容易，尤其是希望写成一部有"整体感"的著作时更是如此。

最后一次的"三人行"，倒是我牵的头。1988年春天，人民文学出版社约我编林语堂散文集，我谢绝了。无意中提起可分专题从文化角度编选20世纪中国散文，倒得到了出版社的支持。大热天，三人又挤在老钱那间堆满书籍的小屋里"集体读书"。忙了一个暑假，总算有了眉目。一开始只是希望得到一套文章可读且印刷精美的小书，做下去便成了撰写20世纪中国散文史的准备。相约认真写各书的序言，为日后的研究，留几个足迹，埋几根桩。

这套小书的编选经过及理论眼光，在《漫说"漫说文化"》一文中已有说明。需要补充的是，1989年的政治风波，使得后五本书险些难产。等到出版社表示愿意继续出版时，子平兄正打点行装准备远游。原先由他负责的《生生死死》和《神神鬼鬼》，便转到了我头上。虽说尽了最大努力，仍有点心虚：倘若由子平编选并作序，或许更精彩。值得庆慰的是，这第三次合作没有中途鸣金，十本小书好歹也算"战利品"。

子平走后，我和老钱仍常一起聊天，可就没了当年一聊就聊出个学术课题的豪兴。或许，那种侃大山式的"学术聊天"，本来就只属于 80 年代。除了心境及学术思路变化外，还有一个潜在的因素："二人转"不如"三人谈"能激发灵感。前者往往是谈拢了容易趋同，谈崩了无法回旋。有了第三者的存在，谈话的格局便变幻莫测，像万花筒一样有无数种组合方式，远不只是"合纵"或"连横"。

真不知日后三人重逢，是否还会像以前那样，为了某个学术观点争得脸红脖子粗。记得老钱一激动就提高嗓门，被称为"余音绕梁三日不绝"；子平擅长以柔克刚，你越着急他越慢条斯理地酝酿他的"警句"；我则老是事后诸葛亮，关键时刻笨嘴拙舌的。

有这么三回学友间的"如切如磋，如琢如磨"做点缀，更有那么几本小书作为"同学一场"的纪念。十载燕园梦因而显得不太苍白，也不太凄清。

人生在世，大概总不免有"十年一觉"的感叹；我能把这声"感叹"埋在未名湖边，也算是一种幸运。

1993 年 12 月 6 日于东京白金台，时烟雨溟蒙，

窗外枫叶凄艳欲绝

（初刊《十月》1995 年第 5 期）

"萧瑟昌平路"

　　文章题目是从清初大儒顾炎武的五律《赠献陵司香贯太监宗》借来的，别无深意，只是觉得"清霜封殿瓦""空堂论往事"的意象，凄清中有一种特殊的美感而且贴近我现在的生活。

　　从去年秋天起，北大启动闲置已久的昌平园区，我于是有了在长城脚下、十三陵区高谈阔论的机会。位于三楼的教室高大宽敞，纵论古今之余，偶尔掠眼窗外，或雪花纷飞，或细雨迷蒙，猛然间浮上心头的，往往便是顾氏的这两句诗。顾炎武入清后六谒明陵，别有幽恨，与我辈的"怀古"自是不同。不过，若非这"萧瑟昌平路"，我大概不会对顾氏的《昌平山水记》以及《京东考古录》如此感兴趣。

　　这也算是对每周一次的失眠及起早的补偿，坐在日渐冷寂的班车里，遥想几百年前的风景与人物，另有一番滋味。今天是最后一课，以后难得再有破晓时分走昌平的机会，不免睁大眼睛，多流连窗外的风景。

北大西门，小石桥边，昏黄的路灯下，不时飘过起早练功者依稀的身影。朔风依旧，寒星也依旧，只是六十年前令诗人林庚大为感动的悠扬号声，而今已被藏在树梢的高音喇叭所取代。可我还是忘不了"破晓中天旁的水声，深山中老虎的眼睛"（林庚《破晓》）。北京的冬天，本就有一种妩媚的江南水乡所不具备的肃穆与端庄；更何况这"如人间第一次的诞生"的"破晓"，其蕴含的力量、神秘与尊严，不由人不顿生敬畏之心。

即将苏醒的燕园，逐渐远去；街道两旁五颜六色、乱七八糟的广告牌，仍然隐没在夜幕中。尘埃不见，喧嚣未起，古都确实风韵犹在。看惯了大都市的摩天楼与霓虹灯，再读读路灯下高古静谧的寒柳，总有说不出的淡淡的忧伤。明知身边掠过的是正在施工的购物中心、高速公路、汽车城以及据说很豪华的别墅群，感觉仍是"萧瑟"。不反对世人对日出的赞叹，可我更怀念朦胧的月色，乃至黎明时分昏黄的灯光，就因为此中充满生机和希望，滤去了太阳底下抹不掉的阴影；而且，很容易将我带回到遥远的过去。

前面路口那尊李自成骑马进京的塑像，高高在上，说实话，我不喜欢。可这并不妨碍我对李氏进出北京的路线产生兴趣。1644年正月，李自成在西安建立大顺政权，随后挥师直捣北京，很快兵临城下。三月十六日义军破昌平，"自沙河直犯平则门"（佚名《崇祯长编》）——平则门乃元大都的建制，明正统初年起改为阜成门——闯王走的是这条路；四月二十六日迎战吴三桂失败,"闯从山海关归"(钱士馨《甲申传信录》),想来走的也是这条路。此塑像八面威风,意在表现征服者的英姿。至于败走时的狼狈相,对不起,只好自己想象去了。艺术家也同史学家一样只关注"成者为王"以及为王时的辉煌?

《甲申传信录》提到义军破昌平后"犯十二陵,焚享殿,伐松柏",这点可与顾炎武《昌平山水记》对各陵的记载相参照。据后者记述,明代皇帝谒陵,均出德胜门,走清河,经回龙观,暂驻沙河。北沙河上有桥曰"朝宗",乃拱卫京师三大桥之一,也是谒陵的必经之路。此七孔石桥如今仍安好无缺,桥边尚有四米高的汉白玉石碑一座,只是从未下车观赏,不知立碑者有何高见。

对帝后太子以及诸大臣的谒陵我不感兴趣,念念不忘的仍是顾炎武的"萧瑟昌平路"。故国之思以及复兴之志,迫使其奔走南北,"春谒长陵秋孝陵"。《昌平山水记》绝不只是像王弘撰《山志·顾亭林》所评述的"巨细咸存""精详不苟",更主要的是体现了著者的遗民心事,还有对国计民生、治乱安危的关注。大概是源于亡国之恨,顾氏对十三陵中规模最小的思陵情有独钟,屡次参拜死不瞑目的崇祯皇帝;我则对此前无缘相见的嘉靖与天启更感兴趣,当然也因为永陵和德陵离学校最近。

车过朝宗桥,天色渐明,身后的北京城一片红光,路边的旅游广告开始让你目不暇接,提醒你又回到了红尘十丈的世俗世界。

转一个弯，别人兴冲冲登长城当好汉去了，我却必须站在讲台上一本正经谈鲁迅。要是能倚着长城读《野草》或者讲唐诗，该有多好！可惜还有四十里路，实在雅不起来。

最后一课，总得来几句潇洒点的结束语，否则对不起这每回的八十里路云和月。讲什么好呢？就讲北京破晓时分的独特魅力。十二年前的这个时候，北京火车站外连"鱼肚白"都有点勉强；紧了紧借来的军大衣，狠狠吸了第一口略带焦煳味的京城空气，感觉居然很好，就此不辞长作燕北人……

1995 年 1 月 9 日于京西蔚秀园

（初刊 1995 年 2 月 20 日《北京日报》）

学者小说的魅力

——读《大都》

　　对于《和风堂文集》（上海：上海古籍出版社，1991年）的读者来说，长篇小说《大都》（天津：百花文艺出版社，1996年）的出版，是个小小的意外。强调著名学者写作长篇小说属于"意外"，而又以"小小"二字加以限制，就因为在我看来，柳存仁的学术生涯中，本就有从事小说创作的"缘分"。

　　"宗教""小说"以及"宗教与小说"，乃柳氏治学的主要领域。《伦敦所见中国小说书目提要》（北京：书目文献出版社，1982年）已经透露其兴趣和功力，《全真教和小说西游记》等更体现作者的追求与成就。前者步胡适、孙楷第后尘，后者方才是柳氏的自家面目。对于小说史家来说，长期与无数或好或坏、或雅或俗的小说朝夕相处，最后技痒难忍，操戈上阵的，柳氏并非第一个，也不会是最后一个。只是饱学之士的小说，不见得都像《大都》那么可读。

　　《和风堂文集》中众多小说史论固然精彩，可柳氏与小说的"结缘"，远在其进入北大念书以前。1935年，年仅十九岁的柳存仁在苏州文怡书局出版了《中国文学史发凡》；若干年后，已经走出"红楼"的柳氏，悔其少作，称此书"可以算作最坏的中国文学史的代表"（《北大和北大人》）。书写得确实不好，但其体现出来的学术思路，即强调民间，贬抑文人，抬高小说，漠视古文，明显可见五四新文化运动的影响。这种"五四情结"，使得其二十年后的著述（如1956年在香港出版的《中国文学史》），在发凡起例以及理论设计方面，一如既往——尽管具体论述已大有改进；也使得《大都》的历史意识（如对待旗民、义和团、学生运动的态度）与文化观念（如关于礼教吃人、婚姻自由的描述），带有突出的"五四"印记。

关于北京大学以及新文化运动的描述，很可能是《大都》中最值得关注的章节。以《大都》为书名，加上书中随处可见的北京风物（如东安市场、广和楼戏园、中央公园的茶馆、石头胡同的妓院等），很容易被作为"京味小说"阅读与欣赏。可有了超越"本地风光"的北京大学作为视点，作者对古都生活的描绘，带有明显的文人眼光，迥异于老舍等京味小说家的平民趣味。小说中有关大学生活的笔墨，并不占绝对优势，但却是其特色所在。而这一部分描述，与《齐如山回忆录》关于京师大学堂的追忆、《知堂回想录》对北大诸师友的刻画，以及近年出版的怀想二三十年代老北京与老北大的《文化古城旧事》（邓云乡）、《负暄琐话》（张中行）等，颇有异曲同工之妙。

实际上，《大都》中的这一部分笔墨，正是从作者本人早年所写的散文随笔发展而来。三四十年代，柳氏写作并出版了好些记录风物、追怀旧事的文章，为日后创作长篇小说奠定了基础。引《北大与北大人》中的一段话为证：

> 就是在学校里，当着胡适之或顾颉刚的面前，也不会有一个学生走上前去，说上几句应酬恭维他们的客套话，更从来没有听见过张口"院长"闭口"主任"的称呼，虽然他们的名字在别处也许会令人心醉。也许偶然会有人谈到黄季刚、刘师培、辜鸿铭、林损、陈独秀、林琴南、蔡元培，然而，通常喜欢讲他们的遗闻轶事的，似乎总是出之于白头宫女话天宝沧桑似的老校工友之口的时候为多。

这段文字，对北大师生清高孤傲气质的描写，颇为传神，只是谈论前辈之"遗闻轶事"，绝非"老校工友"的专利。直到今日，流传在北大人口中的，依然是有趣的隽语与逸事，而非显赫的地位或功绩。北大人之特别看重个人的"气节""神韵"与"趣味"，于此可见一斑。而引"遗闻"入"小说"，正是古来中国文人的惯技与特长。很难想象对明清小说深有研究的柳存仁，在写作《大都》时，会漠视这一传统的存在。这一点，只须将其散文与小说对照阅读，不必多费口舌。

小说中对众多北大人物的描写，大致说来生动传神，只是有些细节必须订正。比如，周大同（影射周作人）在北大开讲六朝散文，就不该发生在新文化运动初期（第十章）。小说家当然有权利也有义务驰骋想象，但虚构部分最好不要违背大的历史背景。称"五四"以前青年人便都赞美周大同"炉火纯青的白话文字"，以及"澄彻圆通的人格"，已经不大恰当；更何况六朝散文的复兴，根本不可能发生在白话文运动方兴未艾之时。用史家的眼光读小说，或许大煞风景；但既然希望借小说背后的"影事"，勾起读者的兴趣，就必须接受史家的挑剔，除非作者追求的是百无禁忌的"戏说"。

1940 年，柳氏为其《上古秦汉文学史》作序，称书成之岁移居香港，决心转治西洋汉学，并因此而拜谒了林语堂、许地山、陈寅恪、袁守和诸先生，颇受鼓舞。引入这段闲话，有助于理解《大都》的写作策略。阅读《大都》时，最容易联想到的先驱之作，当推林语堂的《京华烟云》（又译《瞬息京华》）。同样以千年古都为活动背景，同样借家庭兴衰展示清末民初这一大时代的变迁，又同样在描述民俗风情的同时，力图体现中国文化的独特魅力，林、柳二作颇多共通之处。这种共通性，在我看来，不宜用"因袭"与"创新"来褒贬。除了学者兼散文家转写长篇小说时，通常自觉地扬长避短，突出小说的"文化意识"，《大都》的创作，还有更值得注意的隐藏在这种选择背后的"汉学趣味"。

西洋汉学因其向外国人介绍中国文化的特殊使命，发展出一整套涉及价值观念与审美趣味的叙述策略，与主要面对中国读者的叙事大有差别。虽然不像林语堂直接用英文写作，但已经转而"治西洋汉学"的柳存仁，同样希望借小说"传播"中国文化，而并非如作者自序所称的，仅仅是同情"几个忧郁幽悒的妇人和可怜的孩子"。《大都》中充斥大段大段静止的描述，如介绍美晴与健卿的婚姻状态时，先解释"向例我国旧式的妇女，特别是所谓书香之家出身的人"，其命运如何；接下来是主人公非如此结合不可的理由，分"第一"与"第二"，后者又有"一来"与"二来"之别（第二章）。而提及妓院翠云居，同样需要"我们现在先来揭露一下，一个在这里倚楼卖笑的姑娘的房间"（第二十四章）。诸如此类沉闷且累赘的笔墨，只有将作者的拟想读者考虑在内，才显得顺理成章。

这种"展示"中国人及中国文化的潜在欲望，使得《大都》中既有丰富多彩的风俗画面、生动活泼的日常生活，以及颇为深入细致的人情物理，但也因其过于鲜明的"文化史意识"，而付出沉重的代价。《大都》远不是第一流的长篇小说，但颇具可读性——对于文化人来说尤其如此。其学识与趣味的对峙，随笔与小说的纠葛，理性化与想象力的调适，更是昭示了学者小说的危机与生机。

1996 年 8 月 21 日于京西蔚秀园

（初刊《书城》1996 年第 6 期）

与《读书》结缘

结缘《读书》，对我来说，是个非同寻常的"历史事件"，因其深刻影响了我此后的学术生涯。

若不是为了写作本文而略做盘点，绝对想象不到，十五年间，我竟然在《读书》上发表了三十七篇文章！未曾开设专栏，也并非高产作家，竟有如此骄人的业绩，实在出乎我的意料。《读书》有许多雷打不动的名家，我还挤不进这支"铁军"；不过，就个人而言，还没在别的杂志上发表过如此数量的文章。更何况，我的三次学术转折，都与《读书》杂志密不可分。

1984年秋天，我北上求学，那时《读书》已经创办五年，基本形成自己的风格，但还说不上"名满天下"。因朋友的介绍，第一次到朝内大街参加《读书》的聚会，印象极佳。编辑见了新老作者，按照通例，都是笑脸相迎——即使对你不太感冒。《读书》的几位女将，却是不冷不热、不卑不亢，一见面就单刀直入，叮嘱"以后多为我们写稿"。一副"自家人不必客气"的样子，让你感觉挺受用的。

让你多多写稿，但没承诺为你多多发稿，这一招进退自如，妙不可言。有很多作者因此而"上当受骗"：冲着那坦诚的目光与可掬的笑容，稿子源源不断地飞去，又源源不断地归来。据我所知，《读书》的退稿率，在国内杂志中绝对名列前茅。不只退年轻人的"习作"，而且退大专家的"宏文"。如此"胆大妄为"，竟没有引起公愤，诀窍在于其善于使用挡箭牌："文体特殊"。

我曾妄加揣测，《读书》的办刊方针，思想上追摩的是《新青年》，文体上神往的则是《语丝》。关于"语丝文体"，鲁迅概括为"任意而谈，无所顾忌"，周作人则称是"古今并谈，庄谐杂出"。这种以知性为主，而又强调笔墨情趣的"学者之文"，半个世纪后，由于《读书》的出现，而被发扬光大：以学识为根基，以阅历、心境为两翼，再配上适宜的文笔，迹浅而意深，言近而旨远。故作者之进入《读书》，不只需要"思想"的共鸣，更包括"文体"的磨合。

我很幸运，因一特殊机缘，未经"艰辛的磨合"，便顺利地挤进了《读书》的作者队伍。这很大程度得归功于《读书》诸君"千金买马骨"的诚意。

记得是 1985 年的初夏，照样是在朝内大街那幢老灰楼，《读书》召开座谈会，表示其介入当代中国学术思潮的意向。

那时，钱理群、黄子平和我合作撰写的《论"二十世纪中国文学"》才刚刚完稿（后刊《文学评论》1985年第5期）。文章尚未面世，但其主旨及基本思路，已在年初的中国现代文学创新座谈会上口头表述过，承热心人代为"广而告之"，在学界已略有知闻。如此"好苗头"，岂能瞒过素以敏感著称的《读书》？会议期间，主编董君出面邀请我们变换语调再写一篇，理由是：《读书》并非专业刊物，承担沟通学界与大众的桥梁，故不避"重复建设"。开始不敢答应，怕有自己抄袭自己的嫌疑。可人家说得很诚恳：希望以此为突破口，介入学界的论争。如此雅兴，不能不奉陪。三人略一商议，定了个以"对话"为"著述"的策略——那时我们正对各种文体实验大感兴趣，一心想改变学界苍白干瘪的面孔。开口前，还担心被斥为"没正经"；可话没说完，对方已经拍手叫好，说这正是《读书》的路！

于是，有了在《读书》上连载六期的《"二十世纪中国文学"三人谈》（1985年第10期至1986年第3期）。这组文章影响之大，出乎我们自己的想象。直到今天，还不断有人向我提起当年阅读这组文章时的激动心情。对于如此不虞之誉，我的解释是：论题的重要性与文体的吸引力，各居其半。

"二十世纪中国文学"这一命题，已经进入历史，其是非功过，留待史家去评说。我想说的，是"三人谈"的文体实验。当初之所以引起轰动，与此大有干系。看惯了正襟危坐的高头讲章，突然间有人在那里天马行空般"畅谈学问"，而且落实为白纸黑字，感觉很新奇。从那时起，一直到今天，不时有好奇的读者追问"三人谈"的文体归属：到底是"虚构"，还是"实录"？这话不容易回答，只好将"创作过程"从实招来。

关于"三人谈"的文体，最初的设计是：一展现过程，二保留差异，三还原现场。从事学术研究的人，即便才华洋溢，在"豁然开朗"之前，总会有"茫无头绪"的时候。可一旦落笔为文，呈现在读者面前的，必定是严整有序、逻辑严密。至于摸索过程中必不可少的"歧路"、稍纵即逝的"火花"、极力回避的"陷阱"，一般都被压在纸背，不为外人所知。告诉读者我们是怎么走过来的，并非希望"金针度人"，而是让人家理解你思路的形成，同时便于重复检验。当然，还有另一种可能性，即那些被你舍弃的"火花"，比你极力保留并大加阐发的，更有价值。若如是，则希望高人点拨，免得"捡了芝麻丢了西瓜"。

再好的合作伙伴，意见也会有分歧。三个性格学识均有差异的学者，凑在一起从事一项共同的事业，只能"求大同存小异"。可"小异"并非都可忽略不计，或许正蕴含着某种只可意会而难以言传的玄机。合作写专论，意见必须一致；"三人谈"则不妨放开，各说各的。当然，常在一起磋商，大的思路比较接近；可仔细阅读，三人的面貌还是相当清晰。这一点，文章刚一发表，就引起细心读者的关注。故意暴露我们在具体学术观点上的差异，目的是使这一"对话"呈现开放的状态，以便吸纳更多学者的参与。

以上两点，想通了，做起来并不困难；困难的是第三点：已经永远消逝的"现场"，可不是那么容易"还原"的。依靠录音机，完全照抄现场对话，必定杂乱不堪——朋友间聊天，谁能够或者说谁愿意"出口成章"？可要是全靠事后编排，必定成了论文的"集锦"，不只最为精彩的"现场发挥"不见了，还会造成"前言不搭后语"的怪毛病。又要真实，又要可读，鱼与熊掌难以兼得，只好折中解决。先就某一题目各自准备，免得过于跑野马；事后根据录音整理对话时，删去过于枝蔓的地方，并补充若干当时记不周全的材料。三人中，子平对文体最为敏感，坚持借括号中的"笑""大笑"等形体语言，保留对话的节奏与氛围。

"三人谈"发表后，获得广泛的好评；于是，我们将其与《论"二十世纪中国文学"》等合刊，交人民文学出版社出版。在这本小书的《写在前面》中，我们专门讨论了作为一种文学批评方式的"对话"的意义：

> 思想从来都不是一种自言自语——智慧的火花只有在撞击中才会迸放出来。古往今来，不知有多少新鲜的见解、大胆的假设以至神妙的隽语，是在对话中产生的。书信往来，文章商榷，都不若直接的对话来得带劲。在直接的对话中，你领略到思考的乐趣、口语的魅力和一种"现场气氛"。对话者常常会因冷不丁蹦出的

几句隽语或"打通"了某个难题的关节而激动起来。这里没有任何防御的壁垒，对话者乐于"赤膊上阵"，紧张地开动脑筋，应付各种突如其来的提问，捕捉种种转瞬即逝的思绪。学术性或半学术性的对话，一点也不轻松，尽管没有任何外在的压力。"柳暗花明"时固然欣喜欲狂，"山重水复"处更有魅力。论证、说明、释疑、反驳，在对话中悄悄地拓展自己的理论设想。是围绕学术问题的讨论，更是一种智力游戏和精神散步。……中国古代文人据说曾经"清谈误国"，然而从那种品评诗文、月旦人物的方式之中，也不是没有一点可取之处。有时直截了当，寸铁杀人；有时举重若轻，画龙点睛。有风度、有情韵，千载之下，仍能想见当时的倜傥潇洒、挥斥方遒。唇枪舌剑也好，睿智幽默也好，对话必须成为一门"艺术"。聊天容易，真正聊得有"神"，就很难。我们常常觉得，在"神聊"中，"神"比"聊"本身还要重要。尽管聊的是学术，也仍然可能"神采飞扬"。

当然明白将"学术聊天"整理成文发表的危险，首先是"鸡零狗碎"（此乃当年一位机智的读者的批评），其次还可能"卑之无甚高论"（对比经过刻意修饰的论文，这点尤其明显）。但依然冒险前行，而且获得成功，很大程度是读者认可我们的设想："我们渴望见到更多的未加过分整理的'学术对话录'的问世，使一些述而不作者的研究成果社会化，使一些'创造性的碎片'得以脱颖而出，并养成一种在对话中善于完善、修正、更新自己的理论构想的风气。"

正事说过了，还得交代两件趣闻。首先，是关于"三人谈"的署名问题。"三驾马车"中，我年龄最小、学识最浅，为何六篇对话，都以我打头？开始是偶然，而后是老钱提携后进。万事开头难，"三人谈"的第一则《缘起》，是由子平整理的——因谈话录音后，我和老钱就到西北开会去了。子平兄冥思苦想，希望在不违背"实录"原则的前提下，找到一个响亮的开头。最后选中我掉书袋的一段话。于是，顺理成章，第一次的"三人谈"便由我打头。第二篇是由我整理的，考虑到最早提出"二十世纪中国文学"的构想、具体阐发时主意最多的，是老钱，署名因而按钱、黄、陈排列。可老钱审阅文章时，又将署名顺序改回来，说是为了"打破论资排辈的陋习"，同时也便于编辑和读者记忆。

也不能说我在"三人谈"的撰写中没有"特殊贡献"，起码每月一次的送稿，就是由我独力承担的。开专栏必须准时交稿，可每次都手忙脚乱，最后时刻才完工。于是，我骑上自行车（那时乘出租车尚属奢侈），兴冲冲地送稿去了。从北大骑到朝内大街《读书》编辑部，紧赶慢赶，大概需要一小时十分钟。有一回，路遇多年未见的老朋友，人家想跟我多聊几句，可碍于下班时间快到了，只好匆匆道别。事后一直追悔莫及，要是另约时间再谈就好了，人家看我无心恋战的样子，以为故意推托，再也不与我联系了。

　　第二次在《读书》上集中发文章，是在 1992 年。这组"学术史研究随想"共六则，其中《学者的人间情怀》因某种原因被压下来，第二年才得以问世。这组文章，是根据我在北大开设"中国现代学术史"专题课的导言和结语改写的，其基本思路是借反省百年中国学术，为眼下的突围寻找方向与策略。由于是从讲稿改编而成，残留一些居高临下的口气，敏感的读者会感觉不太舒服，曾有朋友当面向我表示"抗议"。实在抱歉，本意是师生一起直面困境，上下求索，没想到转身板书时，"狐狸尾巴"还是露了出来——这大概可部分归咎于那垫高了的讲台，弄得师生之间很难有真正平等的对话。

　　20 世纪 90 年代的前三个春天，对于中国学界来说，实在过于阴冷。尤其在北大，"悲凉之雾，遍被华林"，受到严重挫伤的学生们，颇有废书长叹，就此"金盆洗手"的。作为教师，眼看那么多昔日的好学生一脸茫然地闲逛，或一头扎进"托福"，心里真不是滋味。可是，"一脸茫然"的远不只是入世未深的青年学生，我之所以剖析章太炎"自立门户与径行独往"的学术风格，标榜"学者的人间情怀"，谈论"独上高楼"与"超越规则"，何尝不是在苦苦挣扎？

　　"时代思潮"云云，不好信口开河；至于我自己，90 年代之所以转治学术史，有学术发展的内在理路（1988 年起即追随先师王瑶先生承接"中国文学研究现代化进程"课题）；但突然的政治变故，更是重要的触媒与动力。与个人气质和志向有关，本就不是什么"政治人物"，所谓"议政"不成、转而"论学"的概括，对我并不适用。但大谈"学术史"，确实是蕴含着对于读书人安身立命的思考。没有现实的刺激，不会如此果断地搁下正在兴头上的小说史研究，也不会有如此强烈的"切肤之痛"以及由此派生的"体贴入微"。

表面上，关注的主要是晚清与"五四"两代学人，但问题意识的形成，受制于当下寻求突围的思考。对比同时期我发在《读书》和《学人》的文章，前者的"现实感"几乎不加掩饰。从专业角度看，这组文章没有惊人之论，具体观点甚至招来某些高人的非议；可立说的姿态，尤其是文章中难以明言的"那一股气"（并非"凛然正气"，也不是"灰心丧气"，更接近读书人平日所说的"骨气"与"傲气"），令许多年轻学生大为感动——这可是大学以外的专家们很难料想到的。

迄今为止，《学者的人间情怀》是我的文章中被引用及转载次数最多的。引用有"正面""反面"之分，转载也有"精选""史料"之别，但不管别人怎么看，我对这则非专业的短文颇为偏爱。不在于文章是否精彩，而是因其真实地记录了我在大转折年代的脚步。不管你持何种观点，90年代初中国读书人的精神走向，都是必须认真对待的"历史"。若干年后，生活在另一天地的"新锐"，很可能对我辈踉跄的脚步大不以为然；可我不想掩饰自己（大而言之，则是"这一代"）窘迫的思想困境与拙劣的突围策略，为的是见证这

"伟大的时代"。

从在乱世中寻求安身立命的初始动机,到将"学术史"作为一个重要的研究课题,这一转变,在我,是在1991年初春完成的。一年后,我正式在北大开讲"中国现代学术史"。不用说,课讲得不算好,因准备很不充分,可同学们(包括许多进修教师)反应非常强烈。第三教学楼容纳百人的大教室,常常座无虚席。说实话,我很感动,没有他们的鼓励与支持,这课能否按原计划讲完都成问题。等到邓小平南方谈话传达下来,北大的舆论环境开始宽松,我和我的学生们方才喘过气来。

《读书》杂志面向全国,不会将自己与一所大学的师生的精神状态捆绑在一起。可我相信,类似的情况,其他学校也都存在。这也是我这组学术性不太强的文章,在高校的反映远较社会为好的原因。

第三回大量占用《读书》的宝贵篇幅,是1997年至1998年的"老北大的故事"。这次是七则,可头两篇是一分为二构成的——可见,仍是"六六大顺"。知道《读书》稿挤,原本不好意思过多打扰,没想到最后还是做了"回头客",似乎真的"姻缘前定"。

写完《北大旧事》的"前言",说实话,颇为得意。于是,送给京城里一家常来约稿的大刊物。不久,责任编辑一脸尴尬地找我商量:能否删去"紧挨着皇宫的大学"一节,因其提及老北大学生"闹学潮"。责编是北大毕业生,当然明白这一节的意义，也曾据理力争，可主编的态度异常坚决，说是为了顾全大局，文章中无论如何不能出现"学潮"二字——不管是谈历史还是说现实。我当然不会如此委屈自己。稿子要回来了，翻开折叠的那一页，真的吓了一跳。以下引录的这段话，画了两道粗大的红杠，还连打了三个惊叹号：

> 不满足于寻求新知，更愿意关心天下兴亡，这一自我定位，使得"闹学潮"成为北大的一大景观。很难想象，没有学潮的北大，能否在中国现代史上占据如此重要的位置。作为一所大学，北大固然以培养了大批成就卓著的专家学者而骄傲，可北大影响之所以超越教育界，则在于其高举"民主"与"科学"的大旗。而在某个特定时期，"闹学潮"几乎成为"争民主"的同义词。

任凭我推敲再三，还是看不出这几句大白话有何违碍之处。谈的是北大的历史，而且是从晚清、"五四"一直理下来，不谈"学潮"那才怪。可这位严格把关的主编，还是决定"忍痛割爱"——这话是他请责编转达的，我相信并非虚情假意。

这时候，《读书》的胆识与胸怀，自然显示出来。我主动说明文章被拒的原委，希望他们从严审查，免得留下后患。责编吴女士与我一样愚钝，看不出有什么不轨图谋，于是大笔一挥，将文章裁为两截，其他的只字未改。据我有限的消息来源，直到今天，还没有人就这两则短文的"倾向性"提出批评。

可是，别高兴得太早，另外两则自以为做得很不错的考据文章，倒是确确实实惹了大麻烦。《北京大学：从何说起？》一文，第一次利用《申报》光绪二十四年十二月初六日《学堂纪事》里保存的大学堂总办告示，确认大学堂创立于戊戌年的十一月十八日，转换成西历，即1898年12月30日。将近一个世纪的悬案，一旦揭开，喜不自禁。可后来不少谈论大学堂创立的文章，信口开河，让我大失所望——考据文章，讲求的是史料坚实、论证严密，而不是"政治正确"。在拙文面世后的一年里，报刊上时有关于北大生日的考辨文章发表，只有两位先生使用了那则关键性的"告示"。这其实很可悲。对新资料不敏感，也不希望借鉴已有的研究成果，想当然地发表高见——以此态度考史，实在不敢恭维。

同是考据文章，考大学堂时不受重视，考新北大又太受关照。《北大校庆：为何改期？》发表后，国内外传媒引述发挥的甚多，以致引起某些要人的反感。在我的所有文章中，对于此文的评价，分歧最大，而且产生"实际效果"。在我，其实并无多么高深的"用意"，只是遵循学者寻幽探侠的本心，力图以我所学，去解释一个悬而未决的"故事"。对此文可能产生的震荡，不能说毫无意识；原本以为只要严守史家的界限，点到即止，不做过多阐发，便可避免不必要的冲突。看来还是不行。或许，这题目本就属于禁区，怎么做都可能"添乱"。

考辨"老北大的故事",并非出于政治讽喻,可也不是纯粹为了好玩。谈"老大学",当然是有感于近在眼前的"新大学";至于选择北大作为研究个案,自是因其性格鲜明、身份复杂,可说之处甚多。考证北大校史上若干疑案,只是文章的切入口,我所真正关注的,其实是蕴藏在"故事"背后的思想史线索。熟悉风云变幻的"百年中国"的学者,对我从学术史转入教育史,进而抓住"老北大"大做文章,想必不会有任何惊讶。

倒是"故事"二字,容易引起误解。在《老北大的故事》(南京:江苏文艺出版社,1998年)一书《小引》中,我对此略有说明:

> 既然着眼点是学术,为何题为"故事"?除了借阐释"故事"展现历史图景这一写作策略外,更希望沟通文与史、雅与俗、专家与大众、论著与随笔。

以我的体会,变化文体的追求,很容易获得《读书》的支持——这也是我将这组文章主要交给《读书》刊发的原因。

从"文学史"到"学术史",再到"教育史",十五年间,我的学术兴趣时有推移;每次转折,《读书》都曾慷慨地提供篇幅,让我留下雪泥鸿爪,真是感激不尽。可三回《读书》上的集中表演,既与笔者学术思路的转移相关,也与文体实验不无干系:第一次是"对话",第二次是"演讲",第三次则是"故事"的考辨。

记得《读书》创刊号上有一名文:《读书无禁区》。当年争论不已的口号,如今变成了老生常谈,这大概就是人们常说的"进步"吧。回首二十年的风雨历程,我想狗尾续貂,为《读书》的宗旨再补上一句:学术探索与文体实验,同样也应该"无禁区"。

《读书》二十周年纪念,自有高手为其"回眸"与"展望"。在此等"宏大叙事"旁边,点缀若干"私人叙事",可再次印证"红花也需绿叶扶"的俗语。同时,以叙述个人琐事,来为当代中国最重要的杂志"祝寿",也算一种不太离谱的尝试,而且恰好呼应了本文开头提到的《读书》之"文体特殊"。

1999 年 2 月 2 日于京北西三旗

(初刊《读书》1999 年第 4 期)

文史的北京

　　去年年底，几乎是同时，我得到两套有趣的新书，一是北京出版社八卷本的《北京文史资料精华》，一是上海书店出版社的《文坛杂忆》初、续二编。同样属于文史类杂著，又都是饱经沧桑的老人们的回忆文章，不同之处在于，一由京城里的权威机关编纂，一由东南沿海的民间人士独力支持。将这"大小不一"的两套书相提并论，似乎自乱阵脚。其实，这正是我所要强调的：关于历史—文化的追忆，没有级别、规格、地域、年龄的限制。当然，倘就选录谨严，叙述完整，史料丰富而言，前者占据绝对优势。不过，后者的不讲"规矩"，想怎么写就怎么写，也自有其可爱之处。

　　在政治的北京之外，还存在着一个"文史的北京"，我想，这一点不必详细论证。八百年古都的文化积淀，半个多世纪的政治风云（"文史资料"所述史事，一般限于晚清至1949 年中华人民共和国成立），使得北京人之谈文说史，占尽天时、地利与人和。在积极编纂"文史资料"的各地政协中，北京市之独占鳌头，属意料中事。

对于研究 20 世纪中国政治／社会／文化的学者来说，档案、旧报刊、"文史资料"乃不可或缺的"三大法宝"。而后者流通较广，使用方便，更是得到学者们的格外青睐。以历史当事人或见证人的亲历、亲闻、亲见之回忆为主体，这一编纂原则，使得各地所刊"文史资料"，普遍具有较高的史料价值。当然，受讲述者所处地位、视野、心态、见识的限制，回忆文章并非全都可信。不说有意伪造或者记忆失误，即便大致属实的叙述，也会存在着过分夸大自家作用，以及用今日眼光解释往事的毛病。但训练有素的历史学家，自会详加考证，去伪存真。对于一般读者来说，主要将其作为文章与掌故阅读；只要不止于"道听途说"，作为历史证词，自有其价值。

将二十年间编辑出版的有关北京地区史事的"文史资料"，分类精编，并将其推向大众，北京市政协文史资料委员会的这一工作，我以为很有眼光。倘若上海等地也能"如法炮制"，对于学界和一般读者来说，自是福音。因为专业的缘故，我阅读"精华"中的《风俗趣闻》和《梨园往事》，只是借以了解旧京的风土人情；至于《文苑撷英》和《杏坛忆旧》之涉及故宫博物院的创设、北京图书馆的变迁、协和医学院的演进、中国天文学会的成立、香山慈幼院的组织规模、孔德学校的教育宗旨及实践等，除了文章可读，更欣赏其发挥了"补正史之阙"的功能。而我以为,这正是"文史资料"根本的价值所在。

2000 年 2 月 29 日于京北西三旗

(初刊 2000 年 5 月 14 日《新民晚报》)

还是不要"戏说"为好

报纸文章千千万，实在是看不胜看。偶尔见到熟人的名字，或者有趣的题目，方才认真拜读。第一时间里读到徐城北先生的《徐凌霄写北京》（《北京日报》2002 年 6 月 30 日第 7 版），真的眼前一亮，因为难得作者和题目都让我感兴趣。文章写得挺漂亮，可惜有点浮滑，不经意处，暴露出作者读书不细的毛病。

徐文最后落实在一个"闲"字，希望世人"能够及早从'闲'的文化当中汲取一些积极的东西"，这自是一家之言；可文章是从老北京说起，而且专门讨论同心出版社刚刚刊行的徐凌霄撰《古城返照记》，我不能不对以下这段话格外关注：这类作者在社会上没地位，别人不给他地位，他也不知道跟有地位的人要地位，他只从社会的底层去观察——但经常不是仰望，因为这类人总归有一定的文化修养，于是他就在自己的文化修养的云头去俯瞰去调侃自己笔下的人物，哪怕他们很"大"。徐氏文章是不是写得像天津的马三立，总是"逗你玩",尽可见仁见智;但称徐"生活在社会的边缘上","体现为一种特殊的市井修养",则很难让人信服。我还无缘拜读《古城返照记》,但对徐氏的为人与为文略有了解,钩稽若干史料,提供给读者参考。

查陈玉堂编著《中国近现代人物名号大辞典》(杭州:浙江古籍出版社,1993年),徐彬(1886,一作1888—1961),江苏宜兴人,生于北京,谱名仁锦,字云甫,改名彬,字彬彬,入京师大学堂,习土木工程,毕业后以教书写稿为生,曾任《京报》主笔,笔名凌霄、老霄、老北京等。其弟徐仁钰,字相甫,笔名一士,有《一士类稿》《一士谈荟》等著作传世。其从兄徐仁铸,光绪十五年进士,以编修视学湖南,结识梁启超、谭嗣同,支持时务学堂,戊戌政变后被革职查办。其伯父徐致靖(字子静),官至侍读学士,1898年上疏请明定国是,并向光绪皇帝推荐康有为等,戊戌变法失败后被捕入狱,1900年八国联军入京,获出狱待罪。

1929年年初,梁启超去世,徐凌霄当即在1月26日至28日的《时报》上,发表《梁启超》一文(见夏晓虹编《追忆梁启超》,北京:中国广播电视出版社,1997年),其中颇有涉及家世者:戊戌岁清光绪帝维新求士,先世父(即徐致靖——引者按)荐梁于朝,同被荐者,康有为、张元济、黄遵宪、谭嗣同也。康张以京秩立召见,黄谭亦送部引见,梁则以举人无官职,仅交总署察看,后赏六品衔。《许姬传七十年见闻录》(北京:中华书局,1985年)第十三节"劫后重逢抱头痛哭”，说的是 1914 年春天，康有为前往拜谒徐致靖，二人回首前尘往事，格外追念已经去世的徐仁铸与谭嗣同。康有为甚至称："研甫年兄是我党通达时务的杰出人才，与谭复生可称双杰，如他在京，当不致如此惨败。"

明白徐仁锦（凌霄）、徐仁钰（一士）的家世，再回头读读晚清重臣瞿鸿禨之孙瞿兑之为《一士类稿》所作序，当不会觉得以下这段话为虚言：徐君出自江南世家，久居蓟北，科第簪缨，人伦冠冕。戊戌政变，他的伯父子静先生父子因主维新而躬罹党狱，更是众所共知的。所以他的家世环境又是这样给予他许多便利，能以身当新旧之交而饱闻当世之事。凌霄、一士兄弟均以善谈掌故著称，曾合撰有《凌霄一士随笔》。在《一士类稿·自序》中，一士特别表彰"吾四兄对余为学业上之指导"；此同好掌故之学的"四兄"，即徐凌霄是也。罗列这些，无非想说明一个浅显的问题：徐凌霄乃世家子弟，受过相当良好的教育，既非生活在"社会底层"，也谈不上"市井修养"。

促使我越俎代庖，撰写这则短文的，主要并非徐城北先生这篇随笔，而是有感于时下文章之追随电视剧，也开始"戏说"起来。文章风格不同，不必强求一律，大致说来，可以分为两类：一注重一时之感受与一己之性情，一牵涉天文地理与历史人物。前者尽可天马行空，不必理会什么"学问功底"；后者则有所依傍，不能不谨慎从事，即便谈论老北京或当世学人这样熟稔的题目，也都不可掉以轻心，没把握时，非查书不可，切忌信口开河。

　　在散文中堆砌学问固然要不得，可若是破绽太多，失去散文本该有的"诚"与"真"，很可能危及整个文类的生存及发展的空间。这一后果，在我看来，是灾难性的。

　　这也是我不避冒犯，撰文与朋友商榷的缘故。

2002 年 7 月 1 日于京北西三旗

（初刊 2002 年 7 月 14 日《北京日报》）

生于忧患

　　面对满街白花花的口罩，还有电视里"抗击 SARS，打赢首都保卫战"这样悲壮的标语，真的"面不改色心不跳"的，不能说没有，但肯定很少。问题在于，这个"紧张"的度，是否恰如其分。没做过问卷调查，但印象中，年长一辈的似乎更沉得住气些。这里有阅历深浅的区别，更重要的则是，最近十年，中国的路走得比较顺，年轻人普遍相信"明天更美好"，很少有面对挫折乃至灾难的心理准备。

　　几年前，针对中国人"否极泰来"的预言，以及此后的生活如"芝麻开花节节高"的想象，我曾大泼冷水，主张在风头正健的新世纪"畅想曲"上，添上古老的"消寒图"。明末刘侗等人所著《帝京景物略》，描述民间借点染梅花记录九九脚步的"消寒图"，最后两句深得我心："九九八十一，穷汉受罪毕。才要伸脚睡，蚊虫蜢蚤出。"对于世运变迁的关注，对于美好时光的回味，对于恶劣环境的抵御，以及对于命运不确定性的理解，此等民间智慧，仍然

值得今人借鉴（《坦然面对新世纪》,《中国文化报》1999 年
12 月 31 日）。写那篇文章时，并非基于对中国政治结构或经
济形势的理性分析，只是隐约觉得，想象中国人从此摆脱厄
运，一路凯歌，未免过于乐观。学文学的人，很容易记得老
祖宗的教训：生于忧患，死于安乐。

记得十多年前，那时读书作文还有很多框框，偶然在文
章中提及"忧患意识"，被明眼人举报，说是"拾存在主义
的余唾"。这真是有点抬举我们了。萨特、卡缪的书确实读
了几本，但所谓的"忧患意识"，更多地得益于传统儒家，
得益于"涕泪飘零"的中国现代文学，得益于艰难崛起的 80
年代的中国。尤其是后者，我相信，很多中年以上的人都记
忆犹新。你可以说孟子的教诲早已深入人心，也可以说萨特
的思想恰好迎合了当时读者的心理期待，但很难说"忧患意
识"是舶来品。

鲁迅有句名言，叫"直面惨淡的人生"。读古今中外的文
学名著，你都能隐约感受到这一点。面对苦难，征服苦难，
这是许多优秀作家写作时压在纸背的情怀。在这个意义上，
所谓"作《易》者，其有忧患乎"，几乎"放之四海而皆准"。
当然，你可以闲适，也可以幽默；可以欢乐，也可以散淡。
但我以为，绝大部分文学名著，其"底色"是面对苦难，向
死而生。这么说，似乎过于郁闷、悲凉，其实不然。此类作
品给人的阅读感受，更多的是热爱生活，鼓起肉搏虚空的勇
气。古希腊悲剧的"净化"说，在我看来，依然有效。

不只文学如此，日常生活中，性情的陶冶与人格的养成，也都是"艰难玉成"。前天电视里报道，某 SARS 病愈者接受采访时称，这场病让她真正领会了什么是生活的乐趣。只有曾经身处绝境，才能真正领悟生命的意义，这点，古今皆然。章太炎《自定年谱》里有这样的话："余学虽有师友讲习，然得于忧患者多。"这是经验之谈。"纸上得来终觉浅"，必须有某种生活体验——尤其是面对苦难的体验，那时，不管读书还是作文，才会有"深入骨髓"的感觉。

重提"生于忧患"，是有感于年青一代生逢其时，中国在走上坡路，里里外外都感觉良好，很可能忘了人世间还会有挫折、灾难乃至倒退。这样的心理状态，无法抗御突如其来的天灾人祸。加上这些年来谈读书，注重的是实用性的知识，上至"管理大全"，下至"炒股诀窍"。作为赚钱或谋生的手段，读这样的书，无可非议；可那些没有现实收益的书籍，比如文学、艺术、史学、宗教等，相对被忽视，则实在很可惜。表面上，学校里开设了各种政治课程，可那管的是"政治正确"，与我所说的健全人格或心理承受能力，关系不是很大。后者，主要靠学生的日常生活、社会环境以及课外阅读来完成。

不只是在校学生，整个社会的阅读风气，或偏于实用知识，或偏于消闲娱乐，而相对忽略了很可能沉重、艰涩、没有实际用途的人文类图书。这一偏差，有"市场"这只无形的大手，也有学者"放纵"的缘故。不是所有的阅读都有同等的意义，害怕"好为人师"的指责，而宁愿"和光同尘"，博取尽可能多的掌声，我以为不可取。人心本就趋易避难，更何况最近几年，太忙碌、太功利、太得意的中国人，难得体会那些即便近在眼前的人生苦难。这可不是好现象。

为了控制疫情，北京市政府已经下令，暂时关闭所有娱乐场所。对于一般民众来说，何妨乘此机会多读点书——读点不太实用的人文方面的书，既养身，又养心。不一定亲历苦难，通过有效的阅读，触摸历史，体会人世的艰难，养成慈悲情怀，以及"胜不骄，败不馁"的平常心，同样十分重要。

SARS 会过去的，但人类还将面临很多苦难。改变近年国人"得意忘形"的心态，以及"急功近利"的阅读趣味，或许更是当务之急。

2003 年 4 月 29 日于京北西三旗
（原刊 2003 年 5 月 6 日《北京晨报》，刊出时改题
《真正领悟生命的意义》）

《人在北京》自序

当年在广州读书，常听当地人讲"食在广州"。意思是说，广州人对"食色，性也"的"食"极为讲究，从用心、用料、用力，到技巧、产值、品位，都是天下无双。当时觉得，这种带有排他性的自我吹嘘，很难被外地人接受。没想到，"忽如一夜春风来"，此句式竟像"千树万树梨花开"，迅速在神州大地蔓延开来。不管是衣食住行、歌舞宴游，还是油盐酱醋、春夏秋冬，最佳的推销语，莫过于套用此同一句式。

不过，这"在"字句用多用滥了，也就丧失了原先所具有的震撼力与杀伤力。慢慢地，词义本身也发生了变化，由唯我独尊的"天下第一"，变成你好我好大家都好的"最好之一"。但即便如此，此句式先天具有的霸气与傲气，还是没有完全褪去。

我的任务是，进一步削弱其"霸权主义"色彩，将价值判断转化为现象描述。由原先设想的不无张扬的"学在北京”，一转而成波澜不惊的“人在北京”，这么一来，兼及宏大叙事与私人叙事，不只牵涉北京历史文化，更落实在我所生活的北大校园，以及我所认识的北大师长。后两者，其实正是本书所赖以展开的线索。

对北京这座“八百年古都”兼“国际性大都市”，说实话，我很感兴趣，也有将其作为学术对象的企图。但到目前为止，还只限于临渊羡鱼。本书之斗胆选择以“北京”为主角，乃得益于许君的指点与鼓励。想想也是，在北京生活了近二十年，对于这座城市，虽无纵横捭阖的学术实力，打打边鼓还是可以的。再说，我的谈书店，说大学，怀师长，对于以学术文化著称的北京来说，其实也是题中应有之义。

换句话说，本书的主角确实是北京，但那只是以学术文化为主轴的北京；而且是透过一个生活在北京的学者不无偏颇的目光以及略嫌芜杂的笔调，所隐约呈现出来的。

2003 年 3 月 17 日于京北西三旗

（初刊陈平原著《人在北京》，台北：联合文学出版社，

2003 年 12 月）

《北京研究书目》缘起

　　本书目的编纂，目的是为研究北京历史、文化、文学、艺术、教育的学者提供方便。所录书籍，包括各国学者及艺术家描写、记录、研究北京的各种文字及图像资料，对于文体不做具体规定（既可以是文学作品，也可以是学术著作，还可以是图谱等）。

　　考虑到北京作为首都的特殊性，如牵涉虽发生在北京，但主要是作为整体的中国军事、政治、经济事件等，那将是个无底洞。为集中目标，暂时不考虑这些同样十分重要的领域（外文著作酌情处理）。也就是说，这里关注的，是作为"城市"的北京。

　　因 1982 年北京出版社出版过王灿炽编《北京史地风物书录》，中国大陆部分，主要收集最近二十年出版（包括重印）者。台湾、香港版及外文书籍不受此限制。

　　作为提供给学界的研究资料，本书目尽量做到有闻必录，不含价值判断；即便作者罪过多多，题目偏见重重，只要是谈论"北京",也都照录不误。

本书目是提供给 2003 年 10 月 22 日至 24 日在北京大学召开的"北京:都市想象与文化记忆"国际学术研讨会的参考资料。因时间紧迫,编选时多利用网络资料,许多书籍未经核实。如需引用,必须小心在意。

会议过后,本书目将做进一步修订,希望诸位先进及同好给予指导与帮助。

参加本书目编纂的有:秦燕春(中文书籍,大陆部分)、葛飞(中文书籍,大陆部分)、王申(中文书籍,台湾及香港部分)、陈丹丹(英文书籍)、吉田薰(日文书籍)、叶隽(德文书籍)、安延(法文书籍)、李在珉(韩文书籍)等。

2003 年 10 月 14 日

(初刊《北京研究书目》,北京大学二十世纪

中国文化研究中心编印,2003 年 10 月)

城市的韵味

21世纪的中国，必定是大中小城市遍地开花、齐头并进、迅速崛起的时代。如何经营好城市，对于刚刚迈入小康的中国人来说，将是个极大的挑战。据说，到去年为止，中国的城市人口只有34%，未来二十年，这个指标将跃升到47%的世界平均水平。这么一来，将有一亿五千万的"乡下人"洗尽泥腿，摇身一变，成为"城里人"。如此"城市化提速"，不可避免地冒出许多新难题。

相对说来，看得见摸得着的经济发展、城市管理、医疗设施、文化场馆等，容易引起各级主管部门的重视；至于不能转化为GDP的、颇为玄虚的生活感受（比如舒适度、情调、品位等），则尚未纳入决策者的视野。而依我书生之见，眼下正紧锣密鼓进行着的城市改造，其最大陷阱，莫过于过分追求"国际化大都市"，以及视觉效果上的"焕然一新"，而较少考虑如何保有或展现"城市的韵味"。

有个基本思路必须明确，那就是：城市的主要功能是给人居住，而不是给人观看。因此，判断城市建设的成败，更多地应该由长期生活于此的居民而不是随时准备升迁的官员说了算。说白了，好看的城市，不一定适合于居住。

当今中国，无论你走到哪里，都能见到刚验收或正施工的宏大建筑。表面看，确实是一派欣欣向荣的景象。可仔细观察，你很容易发现，各城市的面貌正越来越趋同，尤其是商业街、标志性建筑、中心广场、或大或小的喷泉，还有用铁链围起来、行人不得入内的大草坪等，太熟悉了，以致你不知身在何处。这种"城市形象"的简单复制，成了一种流行病，正在神州大地蔓延。

先不说是否劳民伤财，单从生活需求以及审美角度考虑，如此高度同质化的城市设计，也是没有生命力的。东部西部、南方北方、沿海内陆、大城小城，各有其气候、风土、文化、历史等，根本就不应该有统一的城市想象。但在电视普及、洋广告铺天盖地、官员及民众的国外考察也都不难落实的当代中国，一说"城市改造"，众人脑海里马上浮现出巴黎、伦敦、纽约、东京等繁华景象。于是，各种名目的欧式建筑及景观设计，充斥各大中小城市。从政府规划部门的眼光，到房地产商的噱头，再到平民百姓的口味，都变得如此欧化，实在让人担忧。

作为这一严重变形的"欧化趣味"的表征，便是所谓城市发展战略目标的设定。据说，目前我国已有一百八十二座城市提出要建"国际化大都市"，约占全国六百六十七座城市总数的 27%。这可不是香港艺人在搞笑，而是曾经有过的政府规划，见于中纪委驻建设部纪检组组长姚兵的报告（参见《中国青年报》2003 年 11 月 14 日）。不必专家学者，稍有理智的人都会觉得，这实在太滑稽了。不只是根本办不到，更让人操心的是此举背后的思维习惯："大跃进"的期待，以大为美的趣味，以及同质化的发展趋势。

"国际化大都市"确有其独特的魅力，可小城市呢？好些年前，我写过一则《小城果然故事多》，说的是游欧的感觉——最值得留恋的，不是灯红酒绿的大都市，而是青山古堡的小城。其实，小城的"风情万种"，不只属于欧洲，中国也不乏这样的例证。朋友们聚在一起聊天，说起哪里的居民"自我感觉"最好，一致推举文化悠久且经济发达的小城。不同于经济学家和社会学家为解决就业问题而提出"小城镇战略"，我更多的是从人性化的角度，考虑什么样的城市最适合于居住。起码在我看来，北京、上海这样声名显赫、人口超过千万的大都市，不是最佳选择。

对一座城市的评估，除了经济指标，还有本地居民的生活质量，这里包括绿化水平、文化设施，还有与历史对话的可能性。在这个意义上，保留历史文物及古建筑，主要目的不是争"世界文化遗产"（绝大部分城市没这个条件），也不是为了发展旅游业，而是让本地民众生活在历史文化氛围中。人穷时，顾不到这些；温饱解决后，这个问题会日益凸显。一座马路宽阔、高楼林立而又到处充斥着假古董的城市，让人感觉很不舒服的。

城市的韵味来自历史、来自风土、来自民情，所有这些，都需要一定的建筑形式及空间布局来加以凝固与呈现。限制城市建设中推土机的"专横与暴力"，呵护历史，不仅仅是怀旧，更是为了给后代留下"可持续品鉴"的物质文化遗产。走出千篇一律的城市想象，拒绝依样画葫芦，关注并尊重自家脚下这座有文化、有情趣、有个性的城市，无论对于政府官员，还是建筑师来说，都是亟待补修的一课。

2003 年 12 月 31 日于京北西三旗

（初刊 2004 年 9 月 22 日《中华读书报》）

大学精神的见证人与守护者

——写给大学校园里的"老房子"

在"大楼"与"大师"之争中，毫无疑问，我站在清华校长梅贻琦一边："所谓大学者，非谓有大楼之谓也，有大师之谓也。"（《就职演说》，《国立清华大学校刊》1931年12月4日）可这么说，不等于完全漠视作为物质形态的"大楼"——实际上，矗立于校园里的各式建筑，无论高低雅俗，均镌刻着这所大学所曾经的风雨历程，是导引我们进入历史的最佳地图。拜访任何一所老大学，都会有热心人指指点点，告诉你就在这个街角、那个楼梯，或者东边的操场、西边的塔楼，所曾经发生的有趣的故事。这些附着在建筑上的人物与故事，连同饱经沧桑的老房子，早就成为大学史的重要组成部分。坦白交代，十年前，我之撰写《老北大的故事》，其灵感及趣味，一半得益于书本（及档案），一半便缘自建筑（及遗址）。

传统中国建筑之砖木结构，使得其难以持久保存，任何一点天灾人祸，都可能让数百年学府顷刻间灰飞烟灭。更何况，晚清以降，伴随着新式学堂的勇猛登场，书院迅速隐入历史深处。书院改大学，改的不仅是教学体制，更包括建筑格局。既然是学堂，无论中外，都是师生学习、生活、休憩的所在，都会讲求建筑上的因地制宜、虚实相生、高低错落、互相呼应等。但我更想强调的是，传统书院与现代大学在建筑形式上的巨大差异，背后蕴含着教育理念的分歧（而不仅仅是办学规模或科技水平）。比如，书院讲究修心养性，选址时多择山林胜地；大学谋取经济支持，建校时多选都市通衢。书院重视道统一脉，故突出祭祀的祠堂；大学希望博采众长，故渲染演说的礼堂。书院以学生自学为主，故斋舍是关键；大学以课堂讲授为中心，故教室宽敞明亮。还有，书院看重闲庭漫步的园林，大学则推崇体育竞赛的运动场；书院修文昌阁以祈求功名利禄，大学则建实验室以推进知识创新。诸如此类的差异，可以有截然不同的解读，但书院及大学的建筑，与各自的文化理念或精神追求联系在一起，这一点，应该没有异议。

当今中国的大学校园，在教学体制及建筑形态上，大概只有湖南大学包孕着岳麓书院，象征性地体现了古今之间的"对话"——这点很像韩国的成均馆大学与韩国文庙（即成均馆）的关系。其他的校园，无论"形"还是"神"、"课程"还是"建筑"，绝大部分都在努力观摩西方。倒是20世纪上半叶，各教会大学为了减少中西文化的矛盾冲突，在建筑上刻意采用中国古典风格，与其时国立大学之尽可能西化，形成了强烈的对比。我曾经就读或工作的中山大学和北京大学，其校园的核心部分，历来以典雅幽静著称；可无论康乐园还是燕园，原本都是"名花有主"（属于岭南大学和燕京大学），只是因政权更迭，才轮到作为"国立大学"的中大、北大来坐享其成。

很长时间里，由于日趋激进的政治思潮，再加上"现代化"的强烈愿望，世人难得有心境来体贴、呵护校园内外的古旧建筑。前几年，我曾经拿着地图及老照片，到越秀山下寻访阮元建立的学海堂，到无锡拜访唐文治创立的无锡国专，结果都一无所获，只能默默地"遥想"与"凭吊"。近现代史上诸多曾引领风骚的书院或大学，其建筑如今荡然无存，这实在让人感慨唏嘘。好在这些年情况有所变化，标志之一，便是大学校园里的"老房子"也都成了"文物"，被精心保护起来。像我所熟悉的"康乐园早期建筑群"，成为省级重点文物；而经常游荡其间的"未名湖燕园建筑群"，更是进入了第五批全国重点文物保护单位名录。

将曾在中国历史上发挥过巨大作用的著名书院作为"全国重点文物"来保护，如湖南长沙的岳麓书院（第三批，1988 年）、江西九江的白麓洞书院（第三批）以及江西上饶的鹅湖书院（第六批，2006 年）等，主要体现了国家对于传统教育的尊重；而关注近现代史上显赫一时的大学校园，或许更有利于历史与现实的良性互动。作为"全国重点文物保护单位"，北京大学红楼（第一批，1961 年）以及南开学校

旧址（第四批，1996 年）的入选，似乎以政治因素为主；而
第五批（2001 年）之选择未名湖燕园建筑、清华大学早期
建筑、东北大学旧址、武汉大学早期建筑，以及第六批之包
含京师大学堂分科大学旧址、京师女子师范学堂旧址、协和
医学院旧址、中央大学旧址、金陵大学旧址、金陵女子大学
旧址、之江大学旧址、集美学村和厦门大学早期建筑、河南
留学欧美预备学校旧址、国立西南联合大学旧址等，方才真
正将目光投向对中国现代化事业起举足轻重作用的"高等教
育"。专家们在解释为何将大学校园列为全国重点文物保护
单位时，多强调其建筑风格如何兼容中西，教室、礼堂等室
内空间如何紧凑合理，还有园林布局如何与自然地貌配合默
契，我则一口咬定，首先是"重要史迹"，而后才是"代表
性建筑"。

　　将校园里的"老房子"作为"重要文物"来保护（我相
信，在第七批、第八批全国重点文物保护单位名录中，将
有更多的大学校园入选），其意旨主要不是指向"建筑学"，
而是"大学史"。换句话说，校园里的老建筑，早就应该成
为"大学文化"的重要组成部分。这些仍在使用的老房子，
是活的文物，让后来者体会到什么叫"历史"，什么叫"文
化"，什么叫"薪火相传"。我认定，校园建筑之新旧杂陈，
与大学精神之中西合璧，二者之间存在着某种内在联系。谈
论中国大学向何处去，不同于主流社会之强调"与国际接
轨"，我更珍惜"中国经验"。因为，在我看来，大学不像

工厂或超市，不可能标准化，必须服一方水土，跟多灾多难而又不屈不挠的中华民族一起走过来，流血流泪，可歌可泣，才会有较大的发展空间。开口哈佛、耶鲁，闭口牛津、剑桥，而完全无视宋元明清的书院传统以及晚清以降的大学经验，这样的大学改革，很可能"找不着北"。校园里被精心呵护的老房子，提醒我们历史的连续性——今天中国的大学，既不是从石头缝里蹦出来的，也不是哪个外国著名大学的翻版。

大学校园的历史感以及文化氛围，一如石阶上的青苔，必须一点点长出来，而不可能一蹴而就。在这方面，老建筑起了至关重要的作用。老学生对于大学的记忆，一半是给自己传道授业解惑的著名学者，另一半则是曾经留下了青春印记的校园建筑。你可以说他们借助此等"文化遗存"思接千古、浮想联翩，是"文人习气"；可让他们走进全然陌生的"新校园"，没有记忆，没有怀想，必定也就没有认同感。而对于正在就读的大学生来说，漫步在绿荫如盖的校园，穿梭于不同的历史时空，在"古典"与"今典"的不断对话中，推进八方学问，演绎五彩人生，岂不更是顺理成章？在这个意义上，建筑的风华绝代，与学问的博大精深，二者是相辅相成的。

这里所说的"风华绝代"，主要指向附着于建筑上的人文性，而不是大楼本身的"科技含量"。生活在（嬉戏于）错落有致、弦歌不断的大学校园，与无数往圣先贤"同学"，这是多么幸福的事情。经过百余年的努力，中国的大学，终于有了若干物质、精神以及学问方面的积累；而这，也落实在那些精致的校园建筑群上。可惜，因为战争烽火，因为政治运动，也因为经济压力，我们的大学校园处在不断的迁徙过程中，而这明显不利于大学传统的建立以及文化精神的凝聚。

随着大学的扩招以及"校园置换"计划的落实，新一代大学生大都已经或即将转入整齐划一、焕然一新的"大学城"，再也体会不到往日校园里那种新旧并置、异彩纷呈、浸润着历史感与书卷气的特殊韵味。我相信，以今天的科技水平，大学城里的新建筑，不难做到"技术"与"舒适"的统一；但缺了"历史"与"美感"，或者说少了刘禹锡《陋室铭》所说的"苔痕上阶绿，草色入帘青"，今日中国的大学校园，怎么看怎么显得"没文化"。

当然，这很可能是因为"阅读者"戴上了有色眼镜。再过百年，你再来看看，那些遍布全国各地的"大学城"，也都可能古木参天、名家辈出。只是对于"生活在当下"的大学生来说，在一个崭新的校园里读书，要养成历史感，是难了点。

2007 年 4 月 24 日于京西圆明园花园

（初刊《建筑与文化》2007 年第 5 期）

《北京记忆与记忆北京》自序

　　将《"北京学"》置于全书开篇的位置，颇有"做学问科"的嫌疑。其实，没那么深奥（或曰：没那么无聊），只是因为找不到更好的编排方式，各辑文章按写作时间排列。如果以此推断，试图从"学术"角度加以评判，那可真是"文不对题"。那文章的题目很吓人，实际上不过是一则随感。说到天上去，也只是预感到"北京"作为学术课题的"伟大意义"。据说，此文乃"北京学"这一话题的最初文献（参照马万昌《对北京学基本理论问题的思考》，《北京联合大学学报》2003年1期）；但谁都明白，"话题"与"成果"之间，相差十万八千里。

　　相对来说，我对《"五方杂处"说北京》《想象北京城的前世与今生》以及《北京记忆与记忆北京》三文，稍有信心些——虽说文体驳杂，起码在某种程度上体现了我的研究思路、学术趣味和人文关怀。更重要的是，前者缘于我六年前在北大为中文系研究生开设的"北京研究"专题课，后两者则关涉我和原哥伦比亚大学教授、现哈佛大学教授王德威共同主持的"北京：都市想象与文化记忆"国际学术研讨会及相关论文集。其实，关于"北京"这座城市，我还真撰写过若干专业论文，只是有的已入《触摸历史与进入五四》（北京：北京大学出版社，2005年），有的将收《左图右史与西学东渐——晚清画报研究》，故只好割爱了。这样也好，本书于是得以轻装上阵，不必整天端着"学问"的架子。

"为什么是北京"，很多喜欢谈论北京的人，都会面临这样的追问。记得在《"五方杂处"说北京》中，我是这么解答的："为什么是北京，对于很多人来说，其实不成问题。住了这么多年，有感情了，就好像生于斯长于斯，没什么道理好讲。当初只是凭直感，觉得这城市值得留恋。久而久之，由喜欢而留意，由留意而品味，由茶余酒后的鉴赏而正儿八经的研究。"到目前为止，我还是"茶余酒后的鉴赏"多，而"正儿八经的研究"少。也正因此，本书的定位是"随笔"——或者说，是一种人文性质的"北京阅读"，而不是学术意义上的"北京研究"。

书分三辑，分别讨论城、人、书。为什么谈论北京时，非要收入在京访书、买书、读书的文章不可？当然是与这座城市的特点有关，也与作者的生活经历密不可分。说白了，"本书的主角确实是北京，但那只是以学术文化为主轴的北京；而且是透过一个生活在北京的学者不无偏颇的目光以及略嫌芜杂的笔调，所隐约呈现出来的"——这话出自我为台湾版《人在北京》所撰"自序"。

2003 年年底，台湾联合文学出版社刊行了我的随笔集《人在北京》。书出版后，不断有热心的编辑前来打听，建议刊行该书的简体字版。之所以谢绝，是怕跟我在大陆已刊各书的选文重叠。这一回，拗不过三联书店郑勇君的再三催促，抽去一半旧作，增加一半新文，让其"改头换面"，粉墨登场。

各辑文章的排列，意思显豁，无须作者饶舌。唯一需要多说两句的，是《生于忧患》一文。2003 年的 4 月、5 月间，面对满街白花花的口罩，还有电视里"抗击 SARS，打赢首都保卫战"这样悲壮的标语，生活在北京的人们，真的"面不改色、心不跳"的，不能说没有，但肯定很少。课堂上，我将刊有此文的报纸复印给同学们，据说很是"鼓舞人心"。这大概是我近年所撰文章中，唯一真的感觉"有用"的。

2007 年 6 月 7 日于圆明园花园

（初刊陈平原著《北京记忆与记忆北京》，

北京：生活·读书·新知三联书店，2008 年）